ADPP - Parcours Historique

Deuxième édition

Première édition janvier 2005
Réédition juin 2014
ISBN 9782322036806

Association ADPP
À la Découverte du Plateau de Palaiseau

Parcours Historique

Œuvre collective des membres du groupe Histoire d'ADPP

Édition : BoD™ - Books on Demand

LE MOT DE LA PRÉSIDENTE

La caractéristique de notre plateau est d'être à la fois le lieu de fixation de l'habitat le plus ancien et le secteur le plus jeune de l'urbanisation. Aujourd'hui encore, l'INRAP procède à des fouilles, opération préalable à tout chantier d'envergure.

Autre constat : à toutes les étapes de son évolution, la proximité du pouvoir central, de la capitale, a imprimé sa marque, inspiré les initiatives mises en œuvre : rigoles d'alimentation du château de Versailles, domaine agricole et forestier du prince de Condé, grandes propriétés seigneuriales, acquisitions de l'industriel Oberkampf, etc.

La dynamique du plateau, si elle reflète sa vocation agricole et naturelle, elle en illustre aussi les mutations récentes et interpelle sur un devenir en débat.

En 1794, année de la première abolition de l'esclavage, et parce que « *la République a besoin de savants* », la Révolution crée l'École polytechnique. Implantée d'abord au Palais-Bourbon, propriété de la famille Condé, puis sur la montagne Ste-Geneviève, elle est transférée à Palaiseau, sur le plateau, en 1976.

Lors de la Libération, en application du programme élaboré par le Conseil National de la Résistance, de nouveaux organismes ont été créés, propres à garantir une indépendance durement reconquise : l'ONERA et le CNET donnent alors le coup d'envoi à une vocation scientifique et technique du plateau, qui va s'enrichir, pas à pas, d'un vivier de compétences innovantes de dimension nationale, puis internationale.

Témoin d'antagonismes séculaires, meurtriers, l'ensemble des fortifications, érigé à la fin du XIXe siècle, accueille alors ces nouveaux centres de recherche : l'ONERA occupe le Fort principal, l'ENSTA la Batterie de l'Yvette, tandis que le CNET réalise ses expériences dans la Batterie de la Pointe.

La réhabilitation de la Batterie de la Pointe, seul élément préservé de cet ensemble fortifié, impulsée conjointement depuis plusieurs années par ADPP et la Ville de Palaiseau, donnera bientôt naissance à un nouvel espace socio-culturel, lieu de rencontres, de solidarités, de paix.

Le plateau accueille désormais des laboratoires, des équipements de dimension internationale, présentés dans notre plaquette *Parcours des établissements scientifiques du plateau*.

Cette dynamique, si elle s'est accompagnée d'une urbanisation croissante, a suscité la création d'une zone de protection naturelle, agricole et forestière, dont le respect implique une vigilance collective. La façon de concilier urbanisation et terres agricoles fait à ce jour l'objet de débats.

Attachés à la préservation de cet équilibre, respectueux du patrimoine, mais sans immobilisme, nous nous efforcerons de contribuer à poursuivre ensemble la belle aventure du plateau.

Rachel JAEGLÉ
Présidente d'ADPP

PRÉFACE

Pourquoi un parcours historique ?

Au moment où le plateau de Palaiseau connaît une transformation sans égale, le promeneur est en droit de s'interroger sur son histoire. Son urbanisation actuelle n'est-elle pas une conquête récente, surtout liée au manque de place dans les vallées de l'Yvette ou de la Bièvre ? Les établissements de recherche qui, depuis quelques années, poussent comme des champignons au milieu des champs de céréales autour de l'École polytechnique et qui participent à la création du technopôle de Paris Sud sont-ils les premiers à occuper cet espace battu par les vents ? Quelques fermes de belle architecture semblent au contraire prouver que l'exploitation agricole du plateau est ancienne.

Ne s'agit-il pas plutôt d'une reconquête ? En effet, si ce promeneur avait pu assister au creusement des fondations des nouveaux établissements scientifiques, il aurait constaté qu'à chaque coup de pelleteuse la riche terre limoneuse révélait des trésors archéologiques datant de toutes les périodes depuis le néolithique. Ce plateau, situé en plein cœur du bassin parisien, a toujours été occupé et mis en valeur et sans doute plus tôt que les vallées adjacentes.

Des silex retrouvés dans les champs prouvent une occupation plus ou moins durable dès 2500 av. J.-C. Les fouilles de plusieurs sites archéologiques apportent la preuve de la présence d'un habitat rural important à la fin de l'Âge du bronze et au premier Âge du fer, soit de 1400 à 470 av. J.-C. Après l'occupation gauloise, de nombreuses constructions gallo-romaines, à partir du Ier siècle apr. J.-C., témoignent d'une grande prospérité des activités agricoles du plateau. Cette concentration est due à la présence d'une importante voie romaine liant Lutèce à Autricum (Paris à Chartres). Les époques mérovingienne et carolingienne voient la poursuite de la mise en valeur avec un habitat dispersé dont les fermes de la Vauve, des Granges, de la Martinière et de Villebois constituent sans doute les vestiges. Durant toutes ces périodes, la position haute sur le plateau protège les populations contre les invasions empruntant les vallées. Cette fonction de défense a été développée à la fin du XIXe siècle. En effet, le site de Palaiseau est alors choisi comme un des points d'arrêt d'éventuels nouveaux envahisseurs. Le fort et ses deux batteries, construits après la défaite de 1870, font partie d'un ambitieux dispositif de défense de la capitale.

Cependant, les événements guerriers ne furent pas les seules raisons d'un aménagement du plateau. Celui-ci fut toujours proche du pouvoir : la réalité géographique explique qu'à plusieurs reprises les terres palaisiennes furent la propriété de grands clercs ou aristocrates, acteurs puissants de la royauté. Ainsi, lorsque les ingénieurs de Louis XIV se soucièrent d'alimenter les pièces d'eau du parc de Versailles, ils imaginèrent un réseau hydraulique de grande ampleur qui ne pouvait que mettre à contribution les terres humides situées entre la vallée de la Bièvre et celle de l'Yvette. Les étangs et rigoles du plateau en sont les vestiges. Et si aujourd'hui, les chercheurs remplacent les agriculteurs, ne doit-on pas y voir une autre conséquence de la proximité de la capitale devenue ville mondiale et d'un nécessaire redéploiement de sa fonction intellectuelle?

Nous vous proposons donc un parcours qui vous permettra d'abord d'imaginer la vie des agriculteurs de l'antiquité, devant les rares substructions encore visibles. Il vous amènera ensuite, à longer les rigoles creusées au XVIIe siècle. Vous découvrirez aussi le fort et ses deux batteries et vous pourrez alors vous imaginer partageant la vie des garnisons de la Troisième République. Enfin, vous vous familiariserez avec le parc scientifique dont la construction est loin d'être achevée.

Bonne promenade dans le temps et dans l'espace...

Anick MELLINA
Responsable du groupe histoire
Coordonnatrice de l'ouvrage

Photo 1 : le plateau en chantier (photo ADPP)

SOMMAIRE

BRÈVE CHRONOLOGIE DE L'HISTOIRE DU PLATEAU 5
- Préhistoire et Antiquité 5
- Moyen-Âge et Renaissance (V^e-XVe siècles) 6
- Les temps modernes (XVe-XVIIIe siècles) 7
- L'époque contemporaine (XIXe-XXIe siècles) 8

INTRODUCTION À L'ARCHÉOLOGIE DU PLATEAU DE PALAISEAU 9

LES SITES ARCHÉOLOGIQUES 12

LES RIGOLES 20
- La réalisation des rigoles sur le plateau de Palaiseau et de Saclay (1680-1686) 21
- Les Rigoles sur la commune de Palaiseau 26

LES FERMES 31
- La ferme des Granges 33
- La ferme de la Vauve 36
- La ferme de Villebois 39
- La ferme-abbaye de Limon 40

LES FORTIFICATIONS 41
- Pourquoi un fort à Palaiseau ? 41
- La Batterie de la Pointe 44
- Une construction qui a structuré l'accès au plateau 49
- Le début d'une longue relation de voisinage entre militaires et Palaisiens 52
- Une démilitarisation progressive qui laisse place au scientifique 56
- Un projet de réhabilitation des lieux 57

LES CARRIERES DE GRÈS 58

LES 40 DERNIERES ANNÉES : NAISSANCE D'UN TECHNOPÔLE 61

BIBLIOGRAPHIE 64

TABLE DES ILLUSTRATIONS 65

POSTFACE 67
- Remerciements 67
- Les auteurs 67
- Dans la même série 67

BRÈVE CHRONOLOGIE DE L'HISTOIRE DU PLATEAU

Préhistoire et Antiquité

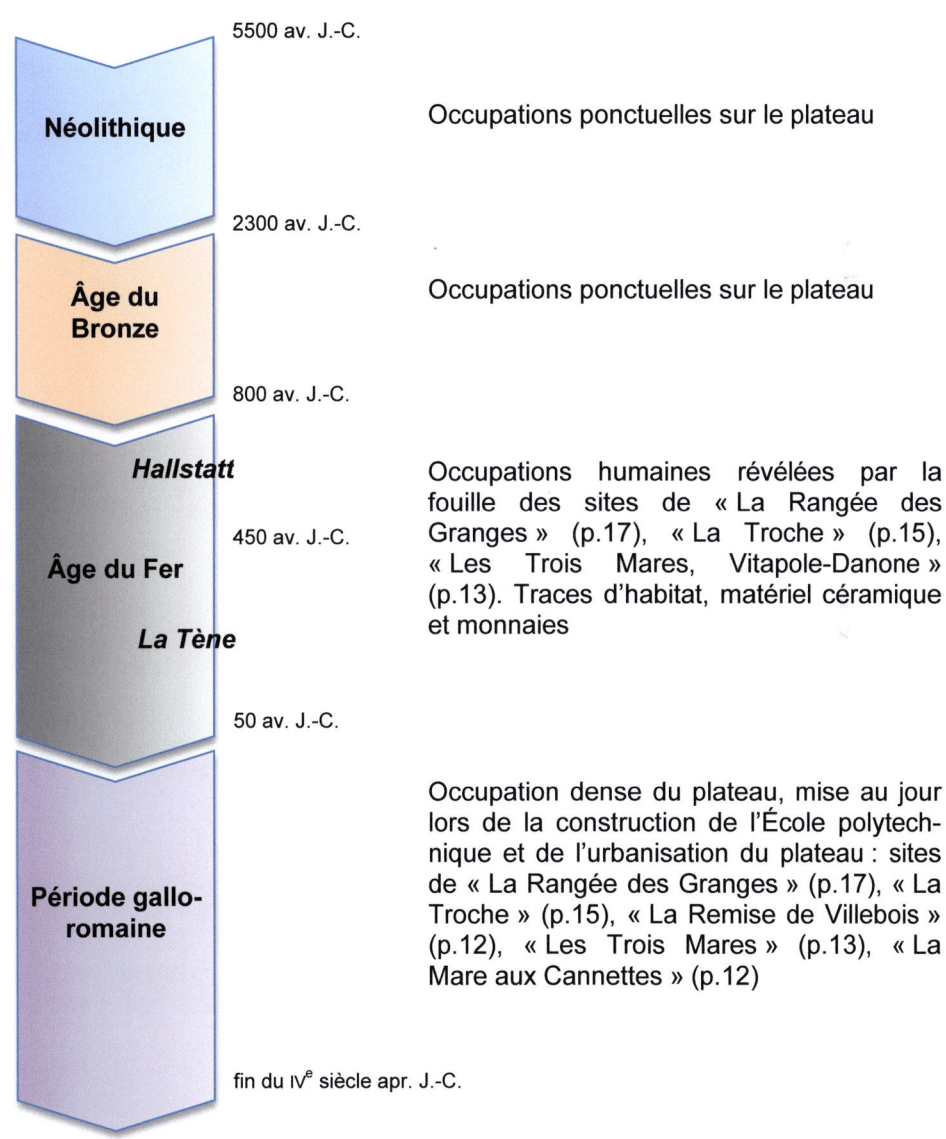

Néolithique — 5500 av. J.-C. à 2300 av. J.-C.
Occupations ponctuelles sur le plateau

Âge du Bronze — 2300 av. J.-C. à 800 av. J.-C.
Occupations ponctuelles sur le plateau

Âge du Fer — *Hallstatt* 800 av. J.-C. à 450 av. J.-C. / *La Tène* 450 av. J.-C. à 50 av. J.-C.
Occupations humaines révélées par la fouille des sites de « La Rangée des Granges » (p.17), « La Troche » (p.15), « Les Trois Mares, Vitapole-Danone » (p.13). Traces d'habitat, matériel céramique et monnaies

Période gallo-romaine — 50 av. J.-C. à fin du IVe siècle apr. J.-C.
Occupation dense du plateau, mise au jour lors de la construction de l'École polytechnique et de l'urbanisation du plateau : sites de « La Rangée des Granges » (p.17), « La Troche » (p.15), « La Remise de Villebois » (p.12), « Les Trois Mares » (p.13), « La Mare aux Cannettes » (p.12)

Moyen-Âge et Renaissance (V^e-XVe siècles)

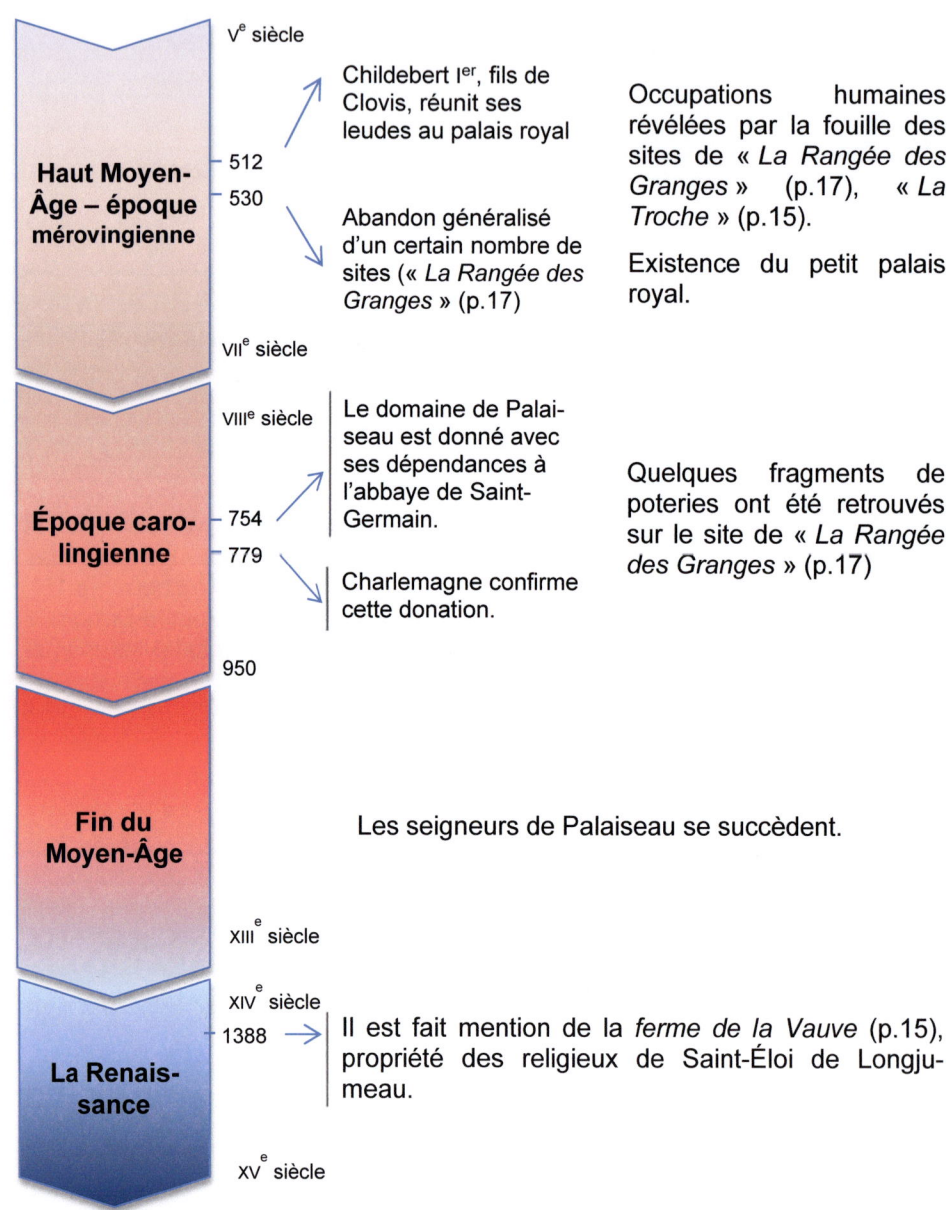

Les temps modernes (XVe-XVIIIe siècles)

XVe siècle — 1436

XVIe siècle — La famille des Harville est propriétaire de *La Vauve* (p.15)

XVIIe siècle

- 1628 : Visite de Louis XIII pour remettre le titre de marquis de Palaiseau à Anne-Antoine de Harville
- 1680-1686 : Construction des rigoles sur le plateau pour alimenter les fontaines et les jeux d'eau de Versailles. Tout le long des rigoles ont été disposées sous Louis XV, des bornes à fleurs de lys (*cf.* p.30).

XVIIIe siècle

- 1758 : Le marquisat de Palaiseau est cédé au roi Louis XV qui en fait échange avec Mlle de Sens (p.36). À partir de 1758, les terrains du plateau sont rattachés aux chasses du roi Louis XV (réalisation de cartes)
- 1765 : Le prince de Condé, neveu de Mlle de Sens, devient seigneur de Palaiseau
- 1769 : Nomination, par le prince de Condé (p.33), de François Bara (père du célèbre Joseph Bara, héros des guerres de Vendée où il mourut) en qualité de « garde à cheval des bois, chasse et pêche » des seigneuries et châtellenies de Palaiseau.
- 1778 : Le citoyen Tronchet, futur premier jurisconsulte de France, achète la belle habitation que fit construire Me Caillard, avocat célèbre du barreau de Paris, qu'il habite jusqu'à sa mort en 1806. Cette propriété est l'actuel hôtel de ville.
- 1789 : Le dernier seigneur de Palaiseau, le prince de Condé, part en exil et Palaiseau cesse d'être une seigneurie
- 1794 : Oberkampf, devient propriétaire de La Vauve (p.37), alors qu'il avait développé depuis 1759 à Jouy-en-Josas la première manufacture de toiles imprimées.

L'époque contemporaine (XIXe-XXIe siècles)

XIXe siècle

1870-1871 — Après la défaite de l'armée française, Palaiseau est occupée par l'armée allemande : 35 000 hommes logèrent sur la commune.

Suite à la guerre de 1870, des fortifications de défense sont construites par Séré de Rivières (p.41) participant ainsi avec forts et batteries à la protection de Paris.

1875

1885 — La Vauve (p.36) devient propriété de la famille Isambert

1894 — Exploitation de carrières de grès en bordure du plateau à la Troche.

1937

XXe siècle

1947 — Installation dans l'ancien fort de Palaiseau de l'Office national d'études et recherches aérospatiales (ONERA)

1970 — Au cours de la construction de l'École polytechnique qui ouvre en 1976, des fouilles archéologiques sont entreprises (« La Rangée des Granges » p.17, « La Troche » p.15)

1972 — Installation de laboratoires de l'École Nationale Supérieure des Techniques Avancées (ENSTA) dans la Batterie de l'Yvette

1976 — Plantation de la forêt domaniale de Palaiseau

XXIe siècle

depuis 2002 — Installation des laboratoires de recherche : 2002 Danone (devenu Centre Daniel Carasso), 2005 Thalès, 2006 l'Institut d'Optique Graduate School (IOGS), 2010 Nano-Innov, Horiba, ENSTA Paris-Tech, EDF...
Ligne de transport en site propre (STSP) en 2007 Création du Parc de recherche DIGITEO. Construction de l'éco-quartier Camille Claudel et du Centre aquatique

INTRODUCTION À L'ARCHÉOLOGIE
DU PLATEAU DE PALAISEAU

C'est en 1970 que les travaux de construction de l'École polytechnique sur le plateau de Palaiseau mettent au jour les vestiges d'un ensemble gallo-romain et du Haut Moyen-âge, révélant ainsi les origines lointaines de Palaiseau.

Le dossier est alors ouvert par le sculpteur Jean Cattant, sur les pas du grand historien l'abbé Lebeuf qui considérait Palaiseau comme une des capitales mérovingiennes. Avec l'autorisation de la Direction des antiquités historiques de Paris, le G.R.A.P. (Groupe de Recherches Archéologiques de Palaiseau), créé en 1972, entreprend pendant plus de sept ans les fouilles des sites de « La Rangée des Granges » et de « La Troche », localisés sur la commune de Palaiseau.

Le G.R.A.P., sous la présidence de Jean Cattant, archéologue amateur et responsable des fouilles, a largement contribué au développement des connaissances sur notre passé. Ces dernières donnèrent lieu à l'élaboration d'une synthèse signée Jean Cattant (1978), *Les civilisations oubliées des sites désertés de Palaiseau*, ouvrage d'où ont été puisées de nombreuses informations présentées ici.

Depuis, ce travail a été régulièrement poursuivi par d'autres interventions sur le terrain (prospections, sondages et fouilles d'urgence) qui complètent peu à peu la carte archéologique du plateau de Palaiseau. En effet, depuis 2001, la loi sur l'archéologie préventive fait obligation d'évaluer l'intérêt historique d'un terrain avant des travaux d'aménagement.

C'est ainsi que l'INRAP (Institut National de Recherches Archéologiques Préventives) a pu multiplier les fouilles d'urgence sur l'ensemble du plateau, sur 30 ha parmi les 400 ha diagnostiqués, confirmant une dense et permanente présence humaine, depuis le Néolithique (de 5500 à 2500 av. J.-C.) et l'âge du bronze final (1400 à 800 av. J.-C.).

Les traces les plus importantes datent du second âge du fer (475 à 50 av. J.-C.). Les découvertes récentes ont permis d'avoir une idée plus globale de la mise en valeur du plateau et surtout révélé des structures en creux (fosses d'extraction ou destinées à servir de dépotoir, trous laissés par des poteaux porteurs de bâtiments en bois et en verre, fonds de cabanes, fours, puits, fossés de drainage, d'enclos ou limites de parcelles). Les archéologues ont estimé que des fermes distantes de 300 à 600m ont pu exister sur l'ensemble du plateau.

Toutes ces découvertes remettent en cause une idée qui a eu cours longtemps suivant laquelle le plateau serait resté inhabité et inculte. Au contraire, les domaines gallo-romains ont produit avoine, orge vêtue, blé, seigle et lentilles et même de la coriandre. Si l'activité agricole connaît manifestement un lent déclin à la fin de l'Antiquité avec

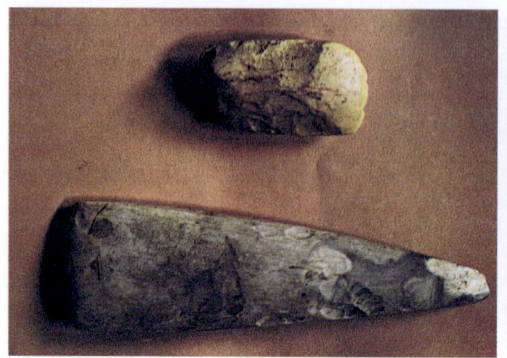

Photo 2 : Haches polies retrouvées près du site de « La Rangée des Granges » (photo J. Cattant).

Photo 3 : Ensemble de céramiques gallo-romaines provenant
des sites de la Rangée des Granges et de la Troche (photo ADPP)

une forte progression de la forêt durant la période mérovingienne, de beaux domaines agricoles y survivent.

Quelques sites appartenant à la **période néolithique** ont été repérés lors de prospections de surface à l'Ouest de l'École polytechnique : le mobilier caractéristique de cette époque est constitué de silex et de haches polies, retrouvés sur de nombreux sites.

Après un long hiatus archéologique, on constate une continuité de l'occupation des sites depuis l'époque gauloise (fin de l'âge du fer) jusqu'à une phase tardive de la période gallo-romaine, voire sur certains sites jusqu'au milieu du VIe siècle apr. J.-C. (Haut Moyen-âge).

À la fin de **l'âge du fer** (Ier siècle av. J.-C.), la population du plateau de Palaiseau semble intégrée à un vaste réseau d'échanges, comme en témoignent la qualité et la diversité du matériel céramique et métallurgique. Les fouilles récentes ont permis de constater la présence de sites gaulois tous les 300 m (de 260 av. J.-C. à 50 av. J.-C.). Une découverte importante sur le site du Rond-Point de Corbeville à Gif-sur-Yvette a permis de mettre au jour un village gaulois d'une dizaine d'unités domestiques, fondé vers 500 av. J.-C. Des vestiges datant du IIe siècle av. J.-C. ont été identifiés sur les sites de l'ENSTA et des Trois Mares. L'exploitation du blé dur faisait la richesse des fermes de cette époque. D'importants contacts commerciaux ont lieu très tôt avec la zone méditerranéenne, attestés par la présence de tessons d'amphores destinés à l'importation de vins de la péninsule italienne.

La période gallo-romaine (Ier – Ve siècles apr. J.-C.) s'inscrit, alors, à la suite de ce processus commercial ; les échanges économiques avec le sud se multiplient.

En revanche, l'image des occupations des **époques médiévale puis moderne**, révélée par les textes et la cartographie des XVIe et XVIIe siècles, est celle d'un plateau à dominante rurale et agricole, au bâti très dispersé et peu dense, dont les points forts s'avèrent être les fermes situées en bordure de plateau (notamment les fermes de « La Vauve », et de « La Hunière »).

Malheureusement, s'il est possible actuellement de localiser précisément, les lieux de découverte, l'ensemble des sites fouillés a été ensuite recouvert voire détruit par des constructions modernes. Nécessité fait loi : la construction de l'École polytechnique sur les sites de « La Rangée des Granges » et de « La Mare aux Cannettes », d'une route sur « La Troche » ou bien encore d'un centre de recherche (Vitapole – Danone) sur « Les Trois Mares ».

Ainsi, faudra-t-il beaucoup d'imagination pour évoquer le Palaiseau archéologique que nous vous invitons à parcourir.

Photo 4 : Travaux de fouilles archéologiques sur le plateau (photo ADPP)

LES SITES ARCHÉOLOGIQUES

 ### Site de la remise de Villebois

Il se trouve au nord de celui de **La Mare aux Cannettes**, de l'autre côté de la D.36.

Il a été découvert à la fin de l'année 1984 lors de prospections pédestres et aériennes réalisées par la section archéologique de l'Association Artistique et Culturelle du Centre d'Études Nucléaires de Saclay (A.A.C.-C.E.A.). Mais il n'a fait l'objet d'aucune fouille sérieuse.

Une prospection de surface a révélé les indices d'un habitat gallo-romain : moellons en surface, éléments de toiture gallo-romaine (*imbrices* et *tegulae*), poteries échelonnées entre le Bas Empire et le Haut Moyen-âge (poterie commune et sigillée d'Argonne décorée à la molette de la fin du IVe siècle et céramique granuleuse du VIe siècle).

Il s'agirait des restes d'un bâtiment de la fin du IVe-Ve siècle, réoccupé au début de la période mérovingienne.

Ces vestiges témoignent d'une possible contemporanéité avec les sites de **La Mare aux Cannettes** et **Les Trois Mares**.

 ### Site de la mare aux Cannettes

Il est localisé sur le terrain de l'École polytechnique, en bordure de la D.128. Il a beaucoup souffert de la construction de l'École, à cause de la circulation des camions et des grues.

La moitié nord, repérée en 1980 par le groupe archéologique de l'A.A.C.-C.E.A., lors de prospections pédestres et aériennes, a révélé sur environ 1000 m^2 un mobilier daté du Ier au IVe siècle : pierres de construction et tuiles, fragments de poteries commune des IIe-IIIe siècles (jattes tripodes, vases carénés, cruches, dolium, amphores), céramique sigillée des I^e-IIe siècles, tessons d'Argonne du IVe siècle et ossements d'animaux.

En juin 2002, dans le cadre d'un projet d'aménagement à vocation industrielle et scientifique (Thalès), un diagnostic est réalisé sur la moitié sud. Douze tranchées et quatre sondages sont effectués à la pelle mécanique ou manuellement. Une soixantaine, seulement, d'indices et de structures archéologiques a été identifiée sur six hectares (fossés, fosses, trous de poteaux et deux mares). Seules six structures ont livré du matériel attestant une occupation laténienne (2nd âge du fer) et gallo-romaine : céramique non tournée de tradition protohistorique, céramique tournée gallo-romaine, fragments d'objets en fer ou en silex, fragments de tuiles.

Ces résultats sont à mettre en relation avec les données recueillies sur le site *Les Trois Mares*, tous deux séparés par la route. Il pourrait s'agir d'un ensemble agricole gallo-romain, avec à l'est l'habitat (*La Mare aux Cannettes*) et à l'ouest la partie agricole (*Les Trois Mares*), succédant à une occupation de l'âge du fer.

Lieu de conservation du matériel : service régional de l'archéologie d'Île-de-France.

Site des Trois Mares

Menacé par la construction du centre de Recherche Vitapole-Danone, le site **Les Trois Mares** a été mis en évidence sur au moins quatre hectares, grâce aux prospections de D. Giganon (A.A.C.-C.E.A.) puis de diagnostics archéologiques récents et de fouilles en 2012 et 2013. Il s'agit donc du plus grand site archéologique du plateau (plus de 8 ha). Ces recherches ont permis de découvrir un vaste enclos délimité par des fossés.

Quelques fragments de silex tertiaire attribuables au Paléolithique et plusieurs pièces néolithiques (dont une hache polie) attestent de la présence humaine sur le site. Elle se confirme nettement au cours des époques protohistoriques et gallo-romaines, par une occupation continue depuis la toute fin de l'âge du fer (période laténienne, fin du IIe siècle av. J.-C.) jusqu'au Ve siècle apr. J.-C.

L'ensemble est organisé d'abord autour d'un enclos fossoyé quadrangulaire, à l'intérieur duquel se répartissent des bâtiments d'habitation, granges, greniers en bois et en torchis.

Dès le milieu du Ier siècle apr. J.-C., des bâtiments en pierre remplacent progressivement ceux en bois ; plusieurs phases de construction peuvent être, ainsi, partiellement restituées jusqu'au IIIe siècle. On note la présence possible des dépendances d'une villa, dont les bâtiments principaux se trouveraient à l'extérieur (*La Mare aux Cannettes*).

La fin du IVe siècle et le début du Ve siècle sont caractérisés par quelques fosses, des palissades, des sols piégés par des effondrements de murs et par un four domestique installé sur les bords d'une mare.

Les vestiges :

- La céramique : Indigène et gallo-romaine, elle témoigne de la longue occupation du site depuis la fin du Ier siècle av. J.-C., qui s'étend jusqu'à la fin du IVe voire du Ve siècle. Mais, c'est entre le Ier siècle av. et le Ier siècle apr. J.-C. que se rattache la majeure partie du mobilier céramique, sensiblement d'inspiration italique. La grande quantité d'amphores traduit l'importance du commerce du vin italien dès la toute fin de l'âge du fer.
- Le mobilier métallique : Il se compose de fragments ou d'objets entiers, dont la majorité est en fer. Il s'agit de vestiges liés à l'architecture en bois (clous, charnières en fer, clés, etc.), de vaisselle ou ustensiles domestiques et d'un outillage

représenté par une serpe, une gouge de charpentier et quelques pièces d'armement.

Les éléments les plus anciens sont des ressorts de fibule en fer datés de la fin de la Tène. On observe la pratique du réemploi de certaines pièces, ce qui marque la continuité de l'occupation du site.

- <u>La monnaie</u> : trois monnaies gauloises ont été découvertes (dont deux en bronze frappé) dans les fossés de la Tène finale.
- <u>L'alimentation</u> : Les espèces domestiques sont représentées par le bœuf, le mouton et le porc, le coq et l'oie. L'apport de la chasse (cerf, renard et lièvre) semble s'accroître au cours de l'occupation. Le cheval est présent dès la fin de l'âge du Fer. Des restes de plantes cultivées mettent en évidence la culture de l'orge, du blé et de la lentille.

Le site **Les Trois Mares** est le premier établissement agricole de la fin de l'âge du fer, fouillé à Palaiseau dans le cadre de l'archéologie préventive. L'ensemble des données traduit l'intégration du site dans le vaste réseau d'échanges évoqué plus haut.

À proximité du site de **La Mare Champtier** (Orsay), un site important pour la fin de la période protohistorique a été fouillé en partie en 1981 par l'A.A.C-C.E.A.

<u>Lieu de conservation du matériel</u> : service régional de l'archéologie d'Île-de-France

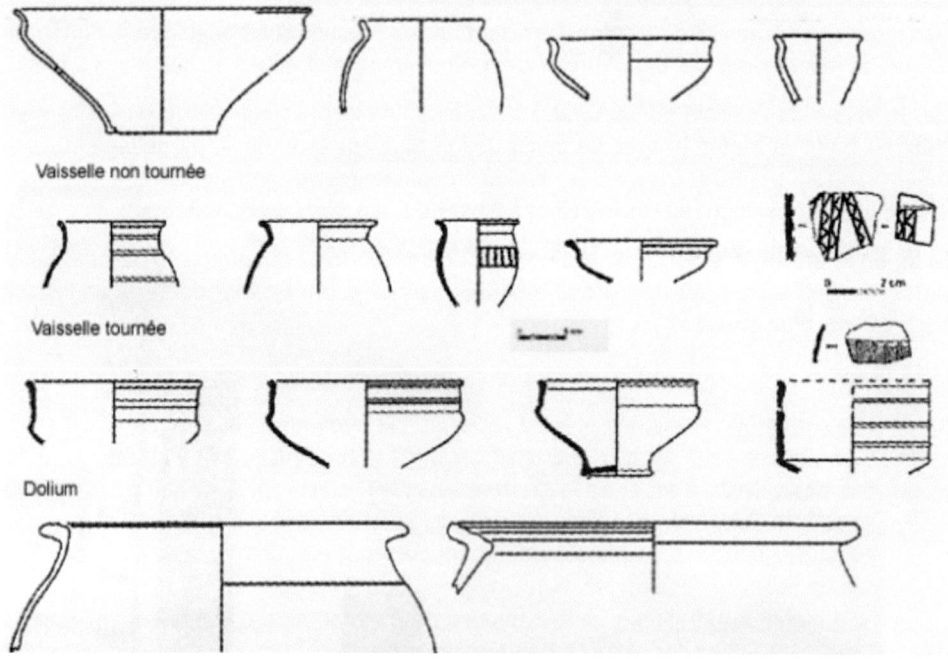

Figure 1 : dessins de poteries découvertes sur le site des Trois Mares (Blin, 2001)

Site de la ferme de la Vauve

J. Cattant et J.-M. Desbordes auraient découvert en contrebas de la ferme de *la Vauve* un fossé.

Diverses prospections effectuées par J. Cattant dans les années 70 et D. Giganon au début des années 80 ont livré un matériel abondant qui s'échelonne entre la fin de l'âge du fer et l'époque gallo-romaine : fragments de tuiles gallo-romaines, céramique commune et sigillée de la fin du Ier au IVe siècle apr. J.-C.

 ## Site de la Troche

Découvert entre 1969-1970, il s'étend sur plus d'un hectare. Il est situé à 1500 mètres du site de *La Rangée des Granges*.

En 1973, un sondage confirme l'existence d'occupations humaines, plus ou moins continues, entre la fin de l'âge du fer et l'époque médiévale. Il permet, notamment, de mettre en évidence les fondations d'un appareillage gallo-romain maçonné à la chaux, repérées dès 1972 par photographies aériennes.

Entre avril et juin 1977, J. Cattant, H. Clavelier, membre du G.R.A.P. (Groupe de Recherches archéologiques de Palaiseau), aidé de D. Giganon (section archéologique du C.E.A. de Saclay) et de nombreux bénévoles fouillent une cave appartenant à une villa gallo-romaine.

La cave de *La Troche* se présente sous la forme d'un quadrilatère de dimensions relativement importantes (7,35 m × 6,30 m), en comparaison avec celles de *La Marnière* à Saclay (4,85 m × 2,80 m) ou de la *Mare Champtier* à Saclay (dont la plus grande cave mesure en moyenne 5 m de côté).

Les murs, épais en moyenne de 0,70 m, sont conservés sur une hauteur de 1,80 à 2 m. Ils sont construits en appareillage de pierres de meulière taillées et jointoyées à la chaux. Dans l'angle sud-est, un escalier de huit marches donne accès à la cave. Au centre du mur nord, une niche (de 1 m de haut) s'inscrit profondément à l'intérieur du mur. Une monnaie en bronze des Aulercques Éburovices (70 av. J.-C.) et un sesterce de Trajan (Ier siècle apr. J.-C.) y ont été trouvés. L'éclairage de la cave se faisait grâce à deux soupiraux dans le mur ouest.

La coupe stratigraphique du site a révélé plusieurs niveaux successifs :

- un <u>niveau supérieur</u> où se côtoient des tessons du IVe siècle et quelques tessons de poteries du XIIIe siècle ; cet écart chronologique traduit une importante perturbation du niveau ;

- dans un <u>second niveau</u>, neuf monnaies en bronze de Constantin, (datées entre 327 et 390), étaient associées à des tessons de poterie d'Argonne (fin IVe siècle), des objets en bronze et en fer, des cornes de cervidés taillées, une hache polie en grès ;
- la <u>couche inférieure</u> correspondrait à l'effondrement de l'étage supérieur (pierres et éléments de toiture) ;
- le <u>dernier niveau</u>, reposant sur le sol de la cave en terre battue, était constitué d'une couche de charbon de bois, remplie de poteries et de quelques tuiles écrasées.

Le mobilier découvert en fouille comprend également une grande variété de céramique commune (bols, cruches, jattes) et quelques fragments de céramiques sigillées, des outils et des clous en fer et des ossements d'animaux.

S'agissait-il d'un incendie localisé ? L'abandon de la cave serait intervenu au cours du Ve siècle, avant la présence franque. Il coïnciderait avec l'apparition du christianisme en Gaule, période de troubles politiques.

L'ensemble témoigne d'une succession d'occupations entre I^e-IIe et le Ve siècle, avec une concentration de matériel daté du IVe siècle.

Photo 5 : Fouille de la cave de la Troche (photographie D. Giganon, 1978)

Le site de la Troche semble avoir été un site majeur et d'une très grande ancienneté, grâce à sa position stratégique en bordure de plateau. De nombreuses voies y menaient : le tracé d'une route qui reliait la **Troche** à la **Martinière** a été retrouvé, une autre le reliait à Limon. Les travaux archéologiques récents permettent d'envisager une occupation du site dès le Ve millénaire avant notre ère.

<u>Lieu de conservation du matériel</u> : service régional de l'archéologie d'Île-de-France.

 Site de la Rangée des Granges

Appelé aussi « L'Orme du Gué », ce site est découvert en 1970, à la suite des premiers travaux d'implantation de l'École polytechnique. J. Cattant et H. Clavelier, aidés du Groupe de recherches archéologiques de Palaiseau, en entreprennent les fouilles sur trois hectares.

Les premières traces d'occupation dateraient du Néolithique ancien (VIe millénaire). Plusieurs haches polies et éclats de silex retouchés ont été retrouvés.

L'occupation est ensuite marquée par un hiatus de plusieurs millénaires. Ce n'est qu'à partir de la fin de l'âge du Fer, que l'homme réoccupe ce territoire. L'implantation est attestée par la présence de poteries et de monnaies gauloises. Les principales occupations s'échelonnent entre l'époque gallo-romaine et le Haut Moyen-âge.

Le premier ensemble de bâtiments, appareillés en pierres de meulière, aurait été occupé entre le Ier et le IIIe siècle apr. J.-C. Durant les premières phases, les pièces étaient décorées et chauffées par hypocauste (chauffage par le sol et les murs). Les restes alimentaires étaient nombreux (ovins, bovins, porcs) et la vigne très certainement cultivée. Cette occupation du Haut Empire, notamment les IIe et IIIe siècles, est particulièrement bien représentée par le mobilier : céramique commune (cruches, pots, vases tripodes, mortiers, amphores, etc.) et sigillée (de divers ateliers d'époque différente : la Graufesenque, Lezoux, Argonne), des monnaies, du mobilier en fer (pointes de flèche, outils, boucles de ceinture), des objets en os et des ossements animaux.

En 1974 est découvert un bâtiment du Bas Empire (fin du IIIe - début du IVe siècle), signalé par deux ailes de fondation perpendiculaires. Il est construit sur des vestiges du Haut empire et entouré d'un fossé de drainage. Il est associé à un ensemble de fosses - dépotoirs livrant des restes alimentaires, un outillage en fer et une céramique caractéristique de la période gallo-romaine, commune à l'ensemble du plateau de Saclay et jusqu'à Longjumeau.

Une courte occupation paléochrétienne (fin du Ve siècle) est attestée par une céramique décorée au poinçon.

La dernière phase d'occupation est mérovingienne, durant la conquête franque, sous le règne de Childebert, fils de Clovis, lui-même roi de Paris. Elle recouvre en partie l'occupation gallo-romaine (créant une troisième pièce dans l'habitat des Ier-IIIe siècles). L'habitat présentait de nombreuses traces de foyers et un matériel riche et varié : la céramique mérovingienne se mêle à la production gallo-romaine et de type indigène ; un four de potier a été repéré. Une zone d'écroulement caractérise entre autre cette période. Par ailleurs, on trouve du matériel en fer (couteaux, pointes de flèche, clous), en os (barrettes de peigne gravées, os gravés), en bronze (anneaux, fibules, plaques de ceinture, monnaies).

Vers 530 apr. J.-C., les diverses constructions semblent avoir été totalement détruites par un incendie, qui entraîne l'abandon définitif de ce site.

En 784, le terrain est concédé à l'Abbaye de Saint-Germain.

Lieu de conservation du matériel : Mairie de Palaiseau.

Une ferme gauloise sur le campus de l'École polytechnique

Depuis janvier 2010 l'opération de diagnostic archéologique réalisée par l'INRAP avant la construction du centre de l'ENSTA-ParisTech, sur le campus de l'École polytechnique et poursuivie depuis novembre 2013, a permis de mettre au jour les traces d'une occupation néolithique et les vestiges d'une ferme gauloise importante datant des IIe et Ier siècles av. J.-C. Cette ferme comprenait au moins 6 bâtiments (habitat, annexes, greniers) au sein d'un enclos de 170 m sur 90 m, délimité par des fossés. L'abondant mobilier trouvé dans ces fossés atteste outre l'importante activité agricole, des échanges à longue distance (importation de vin) ainsi que le travail du fer avec la présence d'un atelier de forge.

La fouille a également révélé une occupation du site à l'époque romaine, du Ier au IVe siècle apr. J.-C. et l'importance des bâtiments laisse penser qu'il s'agissait de la *pars urbana* d'une villa couvrant sans doute une superficie de 8 ha. Pour cette période aussi des activités variées agricoles et artisanales sont attestées par la présence de très nombreux vestiges. En l'état actuel des recherches, il semble que le site n'ait pas été occupé du IVe au Xe siècle. Mais il connaît aux XIe et XIIe siècles une nouvelle période d'occupation et de prospérité avec une maison forte, imposante, de plus de 120 m^2 au milieu d'un domaine ovale et clos de 2000 m^2. La fouille qui continue au moment où sont écrites ces lignes permettra d'en savoir plus sur les activités médiévales sur le plateau.

Ces découvertes sont majeures par l'ampleur des vestiges et la preuve d'une occupation multiséculaire de l'espace. Elles confirment en particulier l'hypothèse d'une mise en valeur importante du plateau dès l'époque gauloise puisqu'au Rond-Point de Corbeville (Gif-sur-Yvette) tout un village gaulois a été identifié. Les très nombreux objets (céramiques, torchis, meules en pierre à meulière, os) trouvés lors de cette fouille révèlent, outre la production céréalière, des activités d'élevage (bœufs, moutons, porcs, chiens et chevaux), de tissage et filage ainsi que le travail du fer avec la présence d'un ou plusieurs ateliers métallurgiques.

Photo 6 : Base de murs, site de La Rangée des Granges (cliché J. Cattant)

LES RIGOLES

Le réseau des rigoles du plateau de Palaiseau et de Saclay et plus largement le réseau d'aménagement hydraulique qui subsiste en partie encore aujourd'hui dans tout le sud et l'ouest de Paris, est lié à l'histoire de la construction du château de Versailles et à la volonté de Louis XIV (1638-1715) d'avoir des fontaines et des jets d'eau de plus en plus nombreux pour son plaisir et la décoration du parc du château, conçu par Le Nôtre. Or la région de Versailles est complètement dépourvue d'eaux courantes, hormis le modeste ru de Gally. Aussi, durant tout son règne, le roi a chargé de nombreux ingénieurs d'imaginer et de réaliser toutes sortes de solutions pour résoudre cette difficulté. Le réseau des rigoles du plateau n'est qu'une de ces solutions.

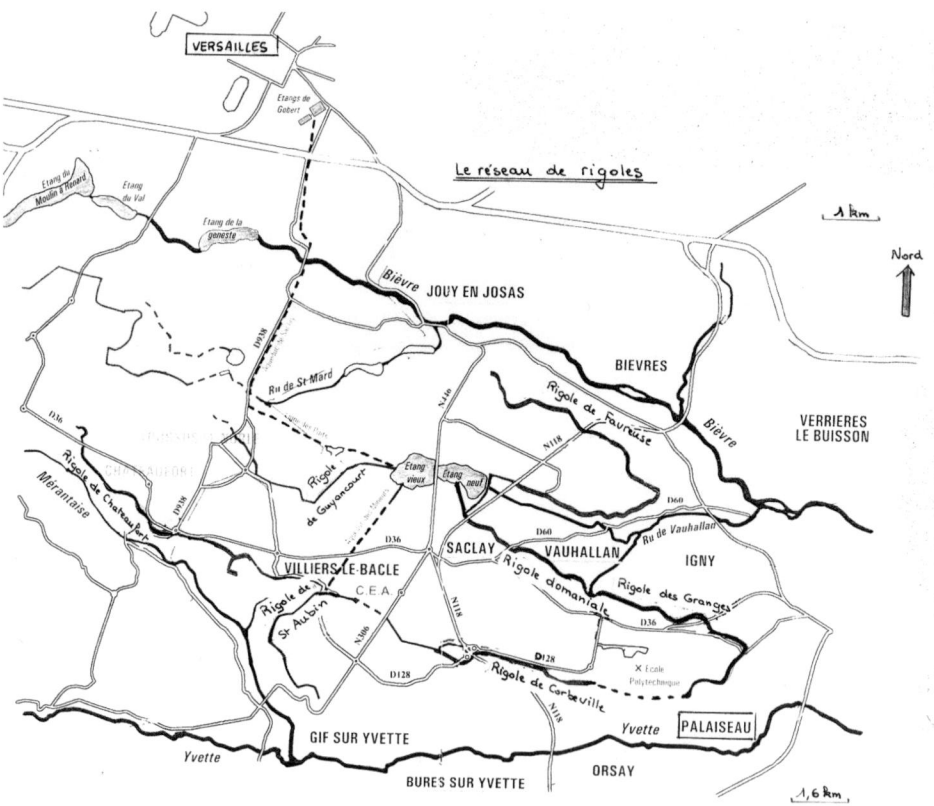

Figure 2 : Carte simplifiée du réseau des rigoles qui alimentaient Versailles. (Document ADPP)

Sans retracer l'histoire complète de ces recherches hydrauliques, on peut rappeler la succession des solutions mises en œuvre :

- utilisation de l'étang de Clagny (à l'est du château, disparu aujourd'hui) dont l'eau était pompée par un manège de chevaux et des moulins à vent (1663-1672) ;
- pompage des eaux de la Bièvre par des moulins à vent et traversant la colline de Satory par un aqueduc souterrain (1668) ;
- utilisation des Étangs de Trappes et Bois d'Arcy dont l'eau est conduite aussi à travers la colline de Satory (1675-1678) ;
- utilisation des Étangs dits « inférieurs » à Saclay, dont nous allons détailler la réalisation par la suite (1680-1686) ;
- utilisation des Étangs dits « supérieurs » : de Hollande et de La Tour près Rambouillet (1684-1685) ;
- détournement de l'Eure, projet grandiose non abouti (dont il reste les ruines romantiques de l'Aqueduc de Maintenon) (1685-1692) ;
- pompage des eaux de la Seine par la Machine de Marly qui alimenta très peu Versailles mais surtout le domaine de Marly (1678-1685).

La réalisation des rigoles sur le plateau de Palaiseau et de Saclay (1680-1686)

Une rigole est un fossé de drainage en pente douce permettant de conduire l'eau à un point donné ; pour qu'elle soit efficace, il faut savoir mesurer avec précision le niveau des terrains.

C'est là que l'on peut apprécier les procédés techniques développés à cette époque. Alors que l'on utilisait encore des méthodes de mesures presque inchangées depuis les Romains (utilisation de l'encombrant « chorobate ») qui ne pouvait donner qu'une précision de 10 m au kilomètre, l'Abbé Picard (1620-1682), membre de l'Académie des Sciences et déjà célèbre par la mesure du méridien terrestre en 1671, avait mis au point un niveau à lunette réticulé protégé du vent qui permettait une marge d'erreur de seulement 1 cm au kilomètre.

Ayant mesuré les niveaux du plateau et comparé avec ceux de Versailles, il trouva que le point le plus bas du plateau était l'Étang (Vieux) de Saclay, dont le fond est un peu au-dessus (10 pieds, soit 3,25m.) des parterres de Versailles (mais cependant en dessous du niveau du Château, d'où la qualification « d'inférieurs »). Il préconise donc le rassemblement de toutes les eaux de ruissellement du plateau dans cet Étang grâce à un réseau de rigoles non seulement sur la partie Est (Palaiseau) mais aussi sur la partie Ouest jusqu'à Rambouillet.

Le grand maître de toutes ces affaires d'aménagement est, à ce moment, Jean-Baptiste Colbert (1619-1683), surintendant des bâtiments du roi. En 1680, il charge un architecte et ingénieur du nom de Thomas Gobert (1630-1708), de la réalisation du réseau de l'Est. Ce dernier a construit de nombreux bâtiments à Paris, Versailles, Saint Cloud, mais aussi une adduction d'eau de sources du plateau de Louveciennes pour alimenter Versailles en eau potable, réalisation qui a été très admirée par le roi.

Par souci de précautions, Gobert commence par vérifier les résultats de Picard avec ses propres méthodes ; il utilise un niveau de sa conception avec 4 petits tubes de verre remplis d'eau pour s'assurer de l'horizontalité (le véritable niveau à bulle ne fut inventé qu'un peu plus tard par Thévenot et Huygens). Les résultats de ses mesures étant conformes à ceux de Picard, il peut engager les travaux.

Son mémoire du 1er août 1680 en chiffre le coût à près de 1 000 000 livres. Il prévoit d'employer 3000 ouvriers et commande 2000 brouettes (!). Il comprend : un agrandissement de l'Étang de Saclay, le creusement des Étangs de Pré-Clos, d'Orsigny, du Trou-Salé à l'Ouest, de Villiers au Sud et de l'Étang Neuf de Saclay, la création du réseau de rigoles conduisant les eaux aux Étangs de Saclay, et un aqueduc souterrain rejoignant Satory et son réservoir grâce à un siphon pour traverser la vallée de la Bièvre (avec une option pour un Aqueduc en pierre à Buc à la place du siphon).

Citons ici quelques textes de Gobert au sujet de ces travaux : « *C'étoit une entreprise fort hardie de vouloir amasser de l'eau dans une plaine très aride, la conduire près de 5 lieus (20 km) à cause des sinuosités, percer 5 montagnes par des aqueducs sous terre, dont il y*

Figure 3 : lunette de visée, Nicolas Gobert, Traité pour la pratique des forces mouvantes, 1702

avait à plus de 100 pieds de bas (32 m), n'avoir que 10 pieds de pente (3,25 m) et vouloir commencer son travail par la tête » écrit-il en 1702.

Par ailleurs il n'apprécie pas trop les nécessités liées aux travaux hydrauliques : « *Estimer, faire faire les remboursements des terres, bois, prèz et autres héritages que le Roi avait pris des particuliers, c'était là une affaire de plus de 5 millions d'un détail affreux* »

Parallèlement, on creuse les rigoles : celle de Favreuse au-dessus du Val d'Albian, celle de Palaiseau qui part de la Hunière, fait le tour du plateau et rejoint l'Étang Neuf comme la précédente. Cet Étang Neuf est créé dans une deuxième phase entre 1683 et 1687 ainsi que la rigole de Corbeville, qui, partant aussi de La Hunière, se dirige vers l'Ouest et rejoint l'Étang de Villiers après avoir reçu les eaux de la rigole d'Orsay (ou du Moulon).

L'Étang de Villiers, créé aussi à ce moment, reçoit également la rigole de Châteaufort et celle de Saint Aubin et évacue ses eaux vers l'Étang Vieux à travers l'aqueduc souterrain des Mineurs. Les deux Étangs de Saclay constituent le réservoir de cet ensemble.

L'eau est conduite ensuite vers les Étangs d'Orsigny et du Trou-Salé par la « Ligne des Puits » aqueduc parfois profond de 30 m (succession de puits verticaux espacés d'une soixantaine de mètres et reliés horizontalement).

Pour arriver à Versailles, au réservoir du Parc aux Cerfs, il reste à construire un aqueduc souterrain sous le bois des Gonards et surtout il faut traverser la vallée de la Bièvre ! C'est le point le plus difficile : un premier essai consiste à construire 2 tuyaux de fonte d'un énorme siphon qui devrait en comprendre 20, mais on ne sait pas réaliser des joints qui tiennent la pression et après essai, cette idée est abandonnée.

Thomas Gobert propose la construction d'un aqueduc aérien en pierres pour environ 100 000 livres de plus. C'est un des points d'un deuxième Mémoire du 2 novembre 1682 : « *On pourrait faire un acqueduc de massonnerie, qui ne seroit sujet à aucun entretien, sans besoin de fer, cuivre ny plomb, plus solide et à durer autant que le monde, dont la magnificence marqueroit à la postérité, autant qu'aucun autre esdifice la grandeur du Règne du Roy* ». L'ouvrage a 580 m de long, 24 m de haut, 2 rangées de 19 arcades superposées de 9 m de portée et 21 m de haut, supportant un canal de 1 m de large et de 1,91 m de profondeur.

Cependant, ce n'est pas Thomas Gobert qui va recevoir cette commande car son protecteur Jean-Baptiste Colbert meurt en 1683 et c'est le clan de Louvois qui prend le dessus auprès de Louis XIV, Louvois remplaçant Colbert comme surintendant des bâtiments.

Ce sont donc les équipes de Louvois qui vont poursuivre les travaux hydrauliques tant à l'Est qu'à l'Ouest de Saclay.

En 1683 une première mise en eau expérimentale d'une partie du réseau avec le siphon et en présence de Colbert, juste avant sa mort intervenue quelques jours après le 6 septembre 1683, montre que le réseau fonctionne. Mais ce n'est qu'en 1686 que l'ensemble des travaux, y compris l'aqueduc de Buc, est terminé et que l'eau arrive à Versailles pour le « *contentement des fontaines* » selon l'expression de Louis XIV lui-même.

Gobert garde cependant l'estime du roi et est nommé en 1699 un des 7 Académiciens de première classe à l'Académie Royale d'Architecture.

On a évalué les dépenses concernant la réalisation de l'ensemble de Versailles sous Louis XIV à 68 millions de livres-tournois ; dans cette somme, les travaux hydrauliques reviennent à 39 millions (soit 57%) dont plus de la moitié concerne le détournement de l'Eure, projet abandonné en cours de réalisation (22 millions).

Le réseau des rigoles inférieures aurait couté 1,6 millions sur 6 ans dont un tiers pour la construction de l'aqueduc de Buc. (Selon Le Roy, 1866 et Becu, 1993).

Figure 4 : « *Vue de l'Aqueduc de Bucq, près Versailles, au-dessus de la Fontaine de la Martinière* », gravure de Duparc (archives départementales des Yvelines, Versailles)

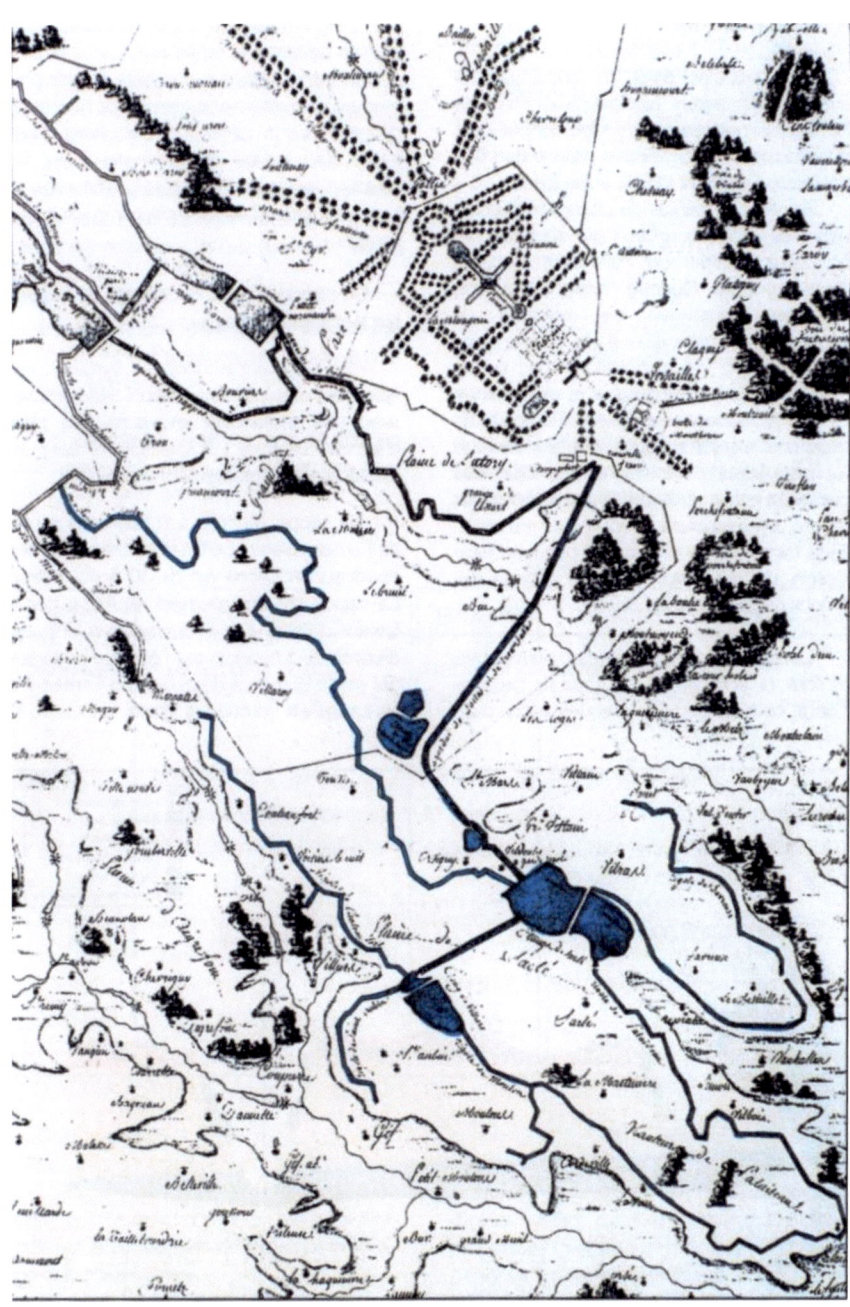

Figure 5 : les étangs, acqueducs et rigoles du plateau de Saclay au XVIIe siècle
(archives départementales des Yvelines, Versailles)

Les Rigoles sur la commune de Palaiseau

Les rigoles ont une emprise au sol de 12 m avec le chemin qui leur est parallèle et une profondeur de 2 à 3 m. Elles occupent une surface globale de 8 hectares et passent sous les chemins par des ponts de pierre. Elles sont bornées à l'époque de Louis XV par des pierres marquées d'une fleur de lys, et plus tard sous Charles X, par des pierres marquées d'une couronne. Il y en aurait eu plus de 1200 sur l'ensemble du réseau mais on n'en décompte plus que 160 environ.

Non seulement les rigoles ont conduit l'eau à Versailles mais elles ont eu un rôle bénéfique pour l'agriculture du plateau en drainant les sols, bienfait tempéré par les maladies dues aux eaux stagnantes des étangs.

Sur Palaiseau on distingue :

- La **Rigole Domaniale** (ou des Granges ou de Palaiseau) qui démarrait au sud de l'École polytechnique, partait vers l'Est le long du chemin de la Hunière, longeait le bord du plateau jusqu'à la ferme des Granges et continuait vers l'Ouest jusque vers Villebois avant de se diriger vers l'Étang Neuf de Saclay (environ 7 km.)
- La **Rigole de Corbeville** qui, partant de la même zone dans l'autre sens (vers l'Ouest) dans les bois de la Vauve, longeait le domaine de Corbeville, traversait le plateau et rejoignait l'étang de Villiers (aujourd'hui dans l'enceinte du Centre d'Etudes Nucléaire de Saclay)

Avant la Révolution, l'entretien des rigoles était à la charge du propriétaire du terrain. Puis il fut affecté au Service des Eaux et Fontaines de Versailles.

Aujourd'hui, à de rares exceptions près, et faute de travaux, les rigoles sont envahies par la végétation ou les immondices et ne font plus leur office de collecteurs d'eau. De plus à de nombreux endroits, elles ont été coupées par une route (N 118 ou D 36) !

Cependant un vaste projet de restauration est en cours de réalisation par le Syndicat Intercommunal d'Étude de l'Aménagement du Plateau de Saclay et des Communes des Vallées de l'Yvette et de la Bièvre (S.Y.B.). Ces travaux ont principalement pour but d'assainir les terres agricoles, de lutter contre l'érosion des berges, de développer des circulations douces et de mettre en valeur un patrimoine historique incomparable.

Aujourd'hui, la Rigole Domaniale a été en partie réhabilitée depuis 1999 par le S.Y.B., mais sa partie amont n'existe plus (au Sud et à l'Est) et elle est coupée par la voie rapide reliant la D36 à l'A10. Elle a besoin d'un entretien constant.

En revanche celle de Corbeville, dont la partie amont a également disparu, est coupée par la N118. Elle est peu entretenue et aurait besoin d'une réhabilitation complète.

Les eaux, collectées malgré tout, alimentent les étangs de Saclay et leur surplus est déversé dans le ru de Vauhalan.

L'aqueduc de Buc, classé monument historique en 1952, est désaffecté.

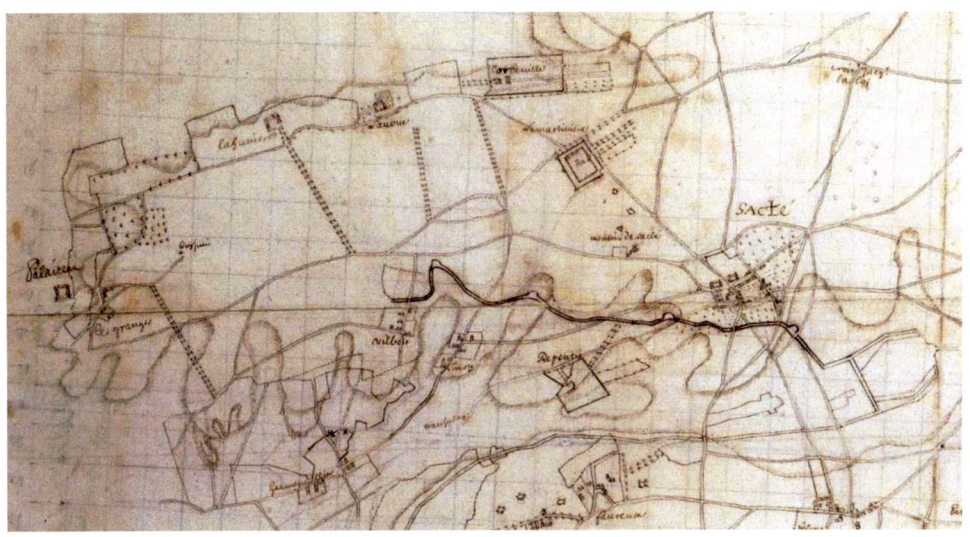

Figure 6 : La Rigole des Granges en cours de réalisation.
(archives départementales des Yvelines, Versailles)

Photo 8 : Pont sur la rigole de Corbeville
(photo ADPP)

Photo 7 : Rigole de Favreuse
(photo ADPP)

Photo 9 : Profil dissymétrique de la rigole dont les berges sont débroussaillées et fauchées de manière sélective (photo ADPP)

Photo 10 : La rigole domaniale, restaurée, offre déjà un bel itinéraire de promenade (photo ADPP).

Photo 11 : Bornes royales le long de la rigole, marquées d'une fleur de lys (photos ADPP)

LES FERMES

Le plateau représente une superficie de 559 ha, soit environ la moitié de la surface totale de la commune de Palaiseau.

Le développement démographique s'est effectué essentiellement dans la vallée et le plateau fut réservé, jusqu'au milieu du xxe siècle, à la culture céréalière avant l'implantation de l'École polytechnique qui a commencé à modifier l'équilibre plateau vallée.

Un sol fertile, un sous-sol de marnes vertes favorisant la présence de nombreuses mares, permirent l'implantation de grands domaines avec leurs fermes.

Au milieu des terres agricoles, sur la ligne de crête (Ferme de la Vauve) ou à l'entrée du village (Ferme des Granges), ces corps de fermes marquent le décor souvent au même titre que l'église ou le château.

Le minéral, le végétal et l'eau en sont des éléments constitutifs. Les bâtiments et leur masse de pierres sont en effet indissociables d'éléments végétaux structurants (alignements d'arbres, haies ...) et de points d'eau indispensables (mares, abreuvoirs).

La grande exploitation conjuguait culture (céréales, betteraves, maïs) et élevage. Son siège, le corps de ferme, devait donc répondre à tous les besoins engendrés par les différentes activités.

Ainsi les grandes fonctions étaient nécessairement assumées par les bâtiments :

- loger les hommes ;
- stocker les denrées et les récoltes ;
- abriter les animaux ;
- ranger le matériel agricole.

La cour en est l'élément central autour de laquelle se concentrent les bâtiments nécessaires au bon fonctionnement de la ferme.

Le logis principal, reconnaissable à ses ouvertures, accueillait ordinairement le fermier, gestionnaire des lieux, et sa famille. À côté, étaient logés certains employés. Si le berger habitait dans le village, les domestiques étaient accueillis dans le logis, dans le fournil ou une petite chambre. Charretiers et valets de cour couchaient à l'écurie, derrière une cloison ou dans des châlits scellés au mur. La main-d'œuvre la plus importante était constituée des ouvriers agricoles que les saisonniers venaient aider pendant les moissons.

Les greniers et les granges permettaient de stocker les denrées et les récoltes. Les greniers étaient systématiquement situés dans les combles d'un bâtiment qui abrite, en partie basse, d'autres fonctions (logis, étables, écurie ou charreteries) pour des raisons d'économie et de facilité d'utilisation.

Les granges étaient des bâtiments élevés, souvent les plus hauts de la ferme, profonds et généralement peu longs : ces grands volumes étaient destinés au stockage des récoltes. Elles étaient ouvertes sur l'extérieur par des portes charretières, généralement de part et d'autre, sur la cour et sur les champs.

Le cheptel comprenait souvent des bovins et des ovins auxquels s'ajoutaient les chevaux utilisés comme animaux de trait. Étables, bergeries et écuries étaient des constructions peu hautes et peu profondes mais pouvant former longues ailes. Elles étaient reconnaissables à leurs petites ouvertures d'aération (parfois simples fentes), les portes étant exclusivement situées en intérieur de cour.

Photo 12 : la moisson à Palaiseau (carte postale)

Les charreteries, ancêtres des hangars, servaient au rangement des charrettes et du matériel agricole. Elles étaient totalement ouvertes sur la cour, non maçonnées avec une structure porteuse en bois en rez-de-chaussée surmontée de pans de bois en étage.

S'y adjoignaient parfois une forge et un colombier.

Les grandes fermes constituent de véritables points forts dans le paysage, qu'elles émergent isolées sur les plateaux ou qu'elles attirent le regard, blotties dans les vallées.

La ferme de la Martinière, située sur la commune de Saclay, était, d'après la planche gravée des chasses du roi datant du XVIIIe siècle, implantée au cœur du plateau. La disposition générale était remarquable : les voies d'accès étaient bordées d'arbres, le parc et le jardin équilibrés par rapport aux constructions. D'autres fermes, la Vauve, Villebois, les Granges, la Hunière, etc. étaient reliées entre elles par des chemins. Ces voies ont été coupées dans le temps et surtout par l'implantation de l'École polytechnique (chemin des Granges à la Vauve). Quant à la Martinière, il faut maintenant passer par Saclay pour l'atteindre.

Ces domaines appartenaient à de riches propriétaires, souvent parisiens, ou aux seigneurs de Palaiseau, parfois à des confréries. Ils y installaient un métayer, chargé de faire valoir la propriété. Un bail liait le propriétaire et l'exploitant qui devait payer soit en nature (céréales, bétail, volaille...) soit l'équivalent en espèces.

L'implantation des Grandes Écoles et des établissements scientifiques a maintenant privé ces fermes de leurs moyens d'exploitation ; elles restent les témoins d'une époque révolue.

La ferme des Granges

« *Le lieu appelé Les Granges est situé sur la plaine qui domine notre territoire et où les terres furent toujours fertiles* ». C'est pourquoi cet endroit, depuis les temps reculés, a toujours été très recherché. L'histoire de cette ferme est particulièrement riche. De nombreuses archives en attestent.

Elle apparaît dans les textes dès 1090, période où elle appartient à l'Abbaye Saint-Victor de Paris. Après des contestations avec le seigneur de Palaiseau au XIIe siècle, elle devient la propriété de l'Abbaye de Sainte-Geneviève de Paris (1163).

En 1218, Ferri, seigneur de Palaiseau, en reconnaît les droits à l'Église de Ste-Geneviève après que les seigneurs des environs eurent fait appel au roi qui désigna des arbitres. Ceux-ci décidèrent que les droits iraient à l'Abbaye, à charge pour elle de donner au seigneur Ferri... un repas.

Un document de 1502 décrit la métairie des Granges comme contenant manoir, maison, granges, étables, bergeries, colombier, cour, mare, jardin entourés de murs de tous côtés ; une voie nommée « le grand chemin de Châteaufort à Palaiseau » la relie à La Martinière. L'abbaye Ste-Geneviève possède cette terre jusqu'en 1788 date à laquelle elle est cédée au prince de Condé (« le Petit Condé »), un des premiers à avoir rejeté la Révolution et choisi l'émigration dès 1789.

Devenue bien national en 1794, elle comprenait la ferme et l'enclos, la grange du château, 262 arpents de pré et 37 arpents de friches.

Elle est vendue en 1795 et appartient par la suite à divers propriétaires dont la famille Pigeon, en particulier François Pigeon (1791-1867), maire de Palaiseau de 1834 à 1848. L'exploitation est assurée par son fils Victor (1816-1892) également propriétaire du moulin de Lozère et devenu député dans les années 1850.

Photo 13 : la ferme vue de la route des Granges (carte postale)

Photo 14 : de nos jours, la ferme vue de la route des Granges (photo ADPP)

Photo 15 : Ferme des Granges, intérieur (carte postale)

Photo 16 : La ferme des Granges au temps des Établissements Villemorin (carte postale)

À la mort de ce dernier, la propriété est partagée entre ses enfants et son neveu Paul Bouclier, né en 1835, fils de Louis Bouclier et de Désirée Pigeon, et maire de Palaiseau de 1879 à 1884, puis de 1900 à octobre 1901, date à laquelle il démissionne de ses fonctions.

En 1853 la propriété contenait 190 hectares de terres et de prés et 42 hectares de bois. On y comptait 16 chevaux, 20 chevaux, 20 vaches, et 500 moutons.

En 1893, elle est divisée en deux parties dont la plus proche du bois d'Ardenay est achetée par les Etablissements Vilmorin qui l'occupent jusqu'à la dernière guerre. Aujourd'hui le ministère de l'agriculture et la C.A.P.S. en sont les propriétaires.

La ferme de la Vauve

Son nom vient de *vouivre* ou *guivre* en vieux français et *vipera* en latin qui veut dire serpent. Installée sur un site très ancien (au moins gallo-romain), elle est citée dès 1388, alors qu'elle appartient aux religieux de Saint-Éloi-les-Longjumeau ; puis elle appartient aux seigneurs de Palaiseau et en particulier, de 1436 à 1758, à la famille de Harville, dont les descendants Rouault de Gamaches vendent la terre et le château au roi Louis XV en 1758.

Deux ans après, le fief de Palaiseau est échangé contre le comté de Charolais à la demande d'Élisabeth Alexandrine de Bourbon dite Mademoiselle de Sens (1705-1765), princesse de sang et petite-fille de Louis XIV et de Madame de Montespan, qui possède déjà de nombreuses terres dans la région dont le fief de Villegenis. Elle devient ainsi dame de

Photo 17 : la mare de la Vauve (carte postale)

Palaiseau, Champlan, Villegenis, Igny, Amblainvilliers et Gommonvilliers. Elle vient à Champlan le 11 novembre 1761 avec son frère, Louis-Henri (1692-1740), prince de Condé, duc de Bourbon, pour la bénédiction d'une cloche de l'église de Champlan. On ne sait pas si elle visite alors ses propriétés de Palaiseau à cette occasion.

Mademoiselle de Sens meurt sans alliance en 1765, bien qu'elle ait vécu maritalement avec le marquis de Langeron pendant plus de 20 ans. Son héritier est Louis Joseph de Bourbon (1736-1818), son neveu, fils de Louis-Henri, celui qui fut surnommé « le Petit Condé » sous la Révolution. Sous l'ancien régime, le jardinier du domaine devait apporter deux fois par semaine au Palais Bourbon à Paris, fruits, fleurs, légumes des vergers et potagers de Palaiseau.

Considéré comme bien national après l'émigration de Louis-Joseph dès 1789, le domaine de la Vauve est vendu en plusieurs lots, dont le principal à Christophe-Philippe Oberkampf le 24 mars 1794 pour 280 000 livres (279 arpents sur 370, soit 117 hectares sur 157 au total). Il comprenait alors un corps de ferme avec cuisine, salle, cabinets, fournil, écurie, 3 granges, bergerie, vacherie, grenier, caves, cour et jardin.

Oberkampf (1738-1815) est installé à Jouy-en-Josas depuis 1760, il est maire de la localité de 1790 à 1793 et à la tête de l'entreprise florissante d'impression des toiles « indiennes » dites de Jouy.

Photo 18 : Oberkampf, gravure de Fontaine (*National Library of Medecine*)

La ferme de la Vauve reste dans les mains de la famille jusqu'en 1882 : son fils Émile, 1787-1837, puis ses gendres, les banquiers Mallet et leurs enfants. C'est en 1885 que le grand-père d'Émile Isambert, actuel propriétaire, achète le domaine : il se souvient « il y avait un 1er commis, 2 charretiers, 2 bouviers, un botteleur, un berger, une vachère basse-courière, un jardinier et plusieurs journaliers », mais les effectifs pouvaient monter jusqu'à la centaine au moment des récoltes. Les terres sont vendues à l'État en 1959 puis affectées en grande partie à la construction de l'École polytechnique.

Photo 19 : détail – travaux de la manufacture, musée de la Toile de Jouy

Une maquette de la ferme en exploitation est visible au Musée du Hurepoix à Palaiseau.

Photo 20 : la ferme de la Vauve aujourd'hui (photo ADPP)

Photo 21 : la ferme de la Vauve aujourd'hui (photo ADPP)

La ferme de Villebois

Photo 22 : la ferme de Villebois (photo ADPP)

Le domaine seigneurial de Palaiseau disposait de plusieurs fermes sur le plateau : la Vauve, la plus importante, les Granges, et deux autres de moindre importance, dénommées *Petite* et *Grande* ferme de Villebois. La *Petite Ferme* de Villebois, de 21 arpents, dépendant du fief de Palaiseau, appartenait donc au XVIIIe siècle aux Bourbon (Melle de Sens puis le Petit Condé). La *Grande Ferme* de Villebois, d'environ le double de superficie appartenait quant à elle depuis le XVIIe siècle à des familles de bourgeois de Paris, en particulier la famille Laborde. Les deux fermes furent réunies en 1764 par Guillaume Laborde, Caissier Général des Postes et de la Compagnie des Indes, habitant rue du Coq Héron (paroisse St. Eustache), qui racheta la petite ferme à Mlle de Sens.

En 1688, la petite ferme consistait déjà en « *un logement du fermier, écurie, vacherie, bergerie, grange, poulailler, toit à porc, cour et jardin, contenant le tout un arpent, plus 20 arpents de terre de culture (8,5 ha).* »

La grande ferme était bien plus considérable, puisqu'en plus de la ferme, elle comprenait une grande maison bourgeoise composée d'une cuisine, de salles, d'une chapelle, de plusieurs chambres de plain-pied, à l'étage d'autres chambres avec grenier et bâtiments pour le jardinier. Ses dépendances étaient importantes et occupaient un espace de 5 arpents (environ 2 ha) avec bâtiments, granges, étables, écuries, porcherie, pièce d'eau et jardin ; l'ensemble clos de murs.

En 1811, Guillaume Laborde la revend à Jean-Baptiste Oudart, fermier cultivateur à Villebois pour la somme de 72 000 F. La ferme compte alors presque 60 ha. En 1813, elle est acquise par le Comte Bigot de Préameneux à l'époque ministre des cultes pour 93 000 F tous frais compris.

En 1853, la ferme de Villebois comprenait 67 ha de terre, dont 1 ha et demi en bois et taillis, sur Palaiseau et Vauhallan ; on y comptait 4 chevaux, 4 vaches et 250 moutons.

Villebois passe ensuite entre les mains de plusieurs propriétaires dont d'Aboville, de Gouvello, pour être rachetée, en 1911, par Émile Isambert pour la somme de 222 000 F ; elle compte alors environ 70 ha. En 1931, lors de la succession des biens, elle est attribuée à Clémence Isambert, épouse Prévosteau qui la vend en 1958 à la Caisse des Dépôts.

Émile Isambert, actuel propriétaire de la Vauve, exploita les terres de Villebois jusqu'en 1987. C'est l'INRA qui cultive aujourd'hui toujours les terres.

La ferme-abbaye de Limon

Bien que sur le territoire de la commune de Vauhallan, on peut mentionner que la Ferme de Limon, voisine de la ferme de Villebois, a été transformée dans les années 1950 en Abbaye Saint Louis du Temple. Cette abbaye de religieuses bénédictines fut fondée en 1814 sur les ruines du Temple à Paris par Louise-Adélaïde de Bourbon-Condé (1757-1824), fille de Louis-Joseph de Bourbon (le Petit-Condé). Après plusieurs implantations dans Paris puis à Meudon cette communauté s'installa à Vauhallan au hameau de Limon. Il est curieux que la fondation religieuse de la fille de Louis-Joseph se soit installée quasiment sur les terres qu'avaient possédées son père 160 ans avant !

Photo 23 : ferme abbaye de Limon (photo ADPP)

LES FORTIFICATIONS

Pourquoi un fort à Palaiseau ?

Après la guerre de 1870 et la Commune, il devient évident que le système de fortification de Paris est totalement obsolète. La France est très en retard dans le domaine de l'artillerie, par rapport à la Prusse. L'augmentation de la portée des armes doit entraîner d'importantes modifications dans la conception de la défense des places fortes et surtout de la capitale.

En 1872, la question des fortifications commence à être étudiée au plus haut niveau. Le général Raymond Séré de Rivières, chef du service central du génie au ministère de la guerre et polytechnicien, présente l'idée d'une suite de forts, des places conçues pour être inexpugnables, disposant d'une très puissante artillerie et interdisant le passage en croisant leurs feux. La stratégie consiste à laisser ouvertes deux voies au milieu de ces « rideaux défensifs » où l'ennemi sera naturellement canalisé puis enfermé et exterminé.

Le choix des emplacements est lié au relief, particulièrement sur les sites dominants où l'artillerie prussienne tirait sur Paris, ou au contrôle d'axes de circulation stratégiques, voies de chemin de fer et routes nationales. Le siège de 1871 avait démontré qu'il fallait empêcher l'ennemi d'occuper les collines ou plateaux d'Île de France, d'où il avait pu bombarder Paris, situé au creux de la cuvette centrale.

Plusieurs types de forts sont mis en chantier :

- les forts d'arrêt qui stoppent la marche des armées ennemies ;
- les forts de rideau qui, par le croisement de leur tir, interdisent le passage aux armées ennemies ;
- les dépôts de matériels, offrant un soutien logistique tant aux forts qu'aux troupes manœuvrant derrière le rideau défensif.

Deux lignes de forts sont donc implantées autour de Paris. Au cœur de la deuxième ligne de fortifications, se trouve le camp retranché du sud-ouest de Paris comprenant six forts et défendant notamment le chemin de fer de la ligne de Versailles, indispensable pour le ravitaillement de la capitale.

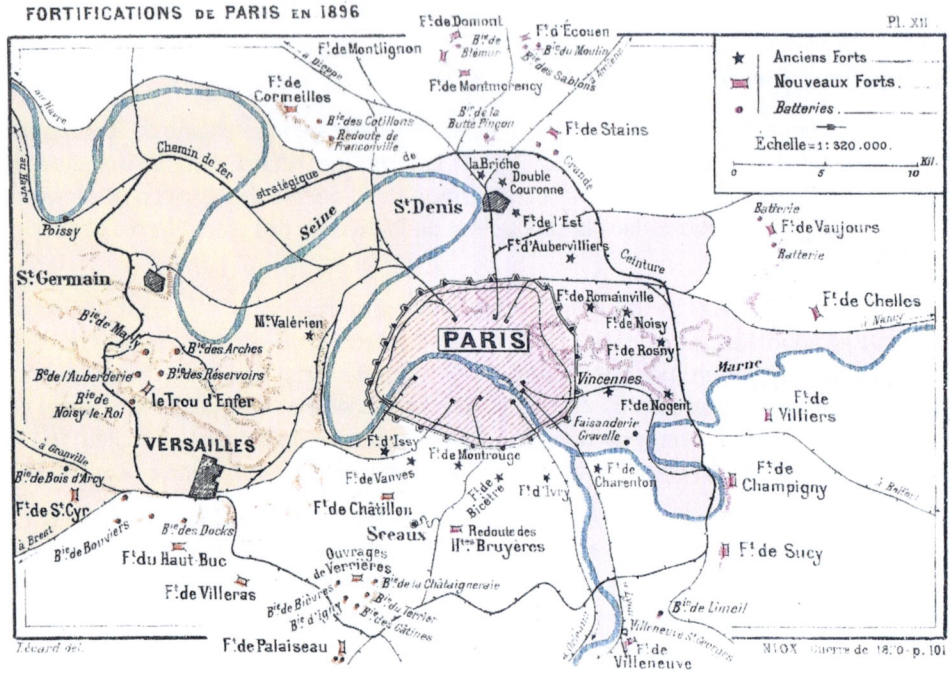

Figure 7 : Fortifications de Paris en 1896
(Général Niox in *La guerre de 1870 : simple récit*, Paris 1897)

Le fort de Palaiseau et ses deux batteries, la Batterie de l'Yvette et la Batterie de la Pointe, font partie de cet ensemble défensif. Situés sur le rebord du plateau de Saclay dominant la vallée de l'Yvette, ils répondaient à tous les critères de choix établis par Séré de Rivières : relief en hauteur et importante voie de passage venant du Sud du bassin parisien (l'existence de cet axe est attestée depuis l'antiquité). Seule la batterie n'a pas été transformée et reste authentique.

Les forts que l'on construit à cette époque abandonnent le principe du bastion, devenu obsolète du fait de l'évolution des armements. Ces forts, construits en maçonnerie et utilisant abondamment la pierre de taille, sont organisés autour de leur caserne servant à abriter la garnison du fort en la protégeant des bombardements ennemis. Ils sont complétés par des ensembles de batteries ou redoutes. À Palaiseau sont ainsi mis en place un fort principal pouvant abriter 1500 hommes et deux batteries pouvant abriter chacune jusqu'à 200 hommes : la batterie de l'Yvette et la batterie de la Pointe.

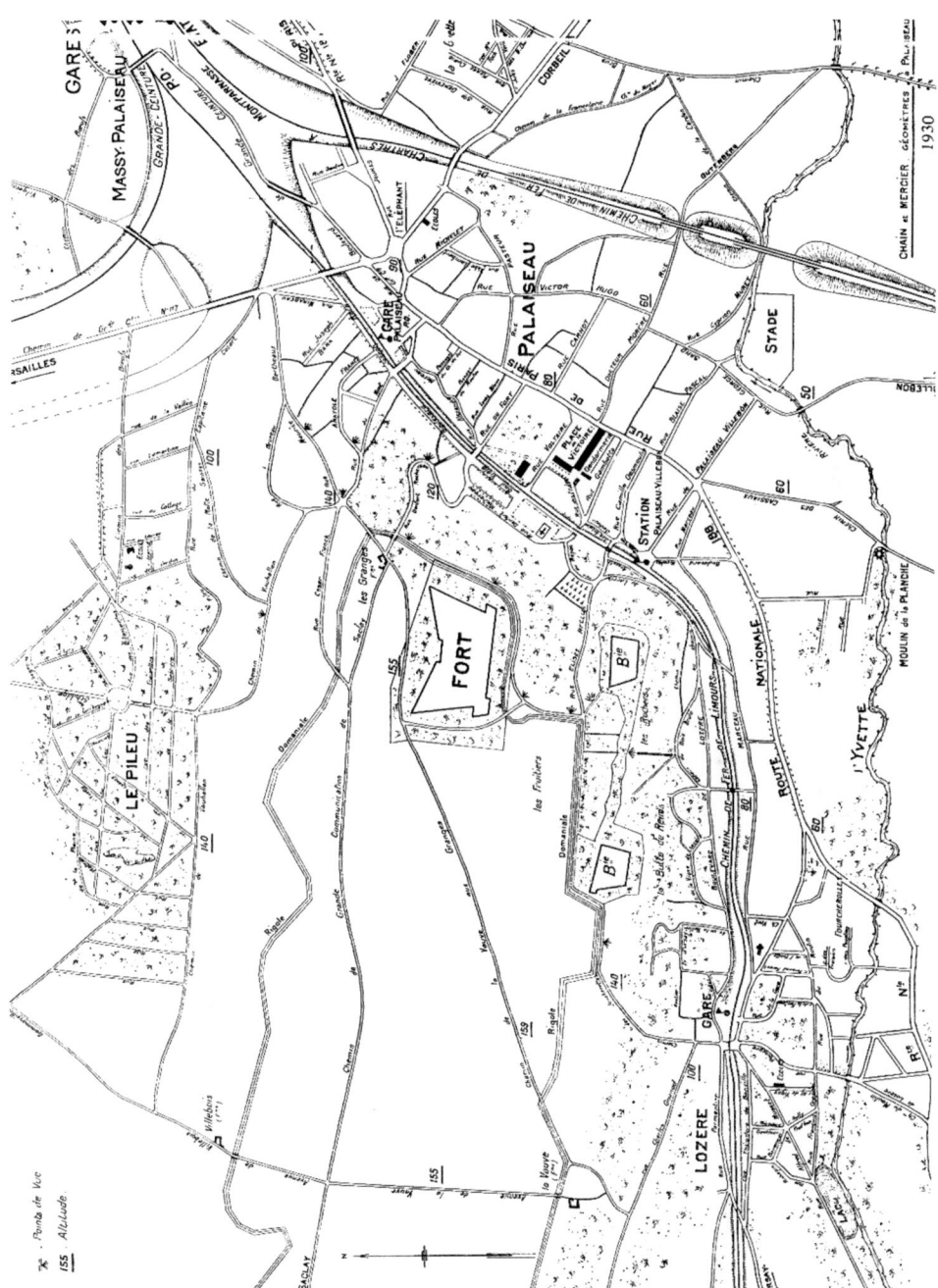

Figure 8 : plan de situation à la construction du fort

La Batterie de la Pointe

Construite entre 1874 et 1884, la Batterie de la Pointe est située à l'entrée de la vallée de Chevreuse, sur le versant nord de la vallée de l'Yvette.

La batterie possède 2 541 m^2 de constructions souterraines, sur un espace boisé de 5 hectares. De forme trapézoïdale, sa petite base se tourne vers la pente escarpée descendant vers Palaiseau. Elle est entourée de fossés puis de murs de contrescarpe protégés par des buttes de terre. Près de 12 canons peuvent être placés en surface. Une galerie souterraine permet de circuler sur un demi-périmètre, du sud à l'ouest.

Pour sa défense, elle dispose de différents canons, dont 4 canons révolvers à tir rapide et 4 canons de 12.

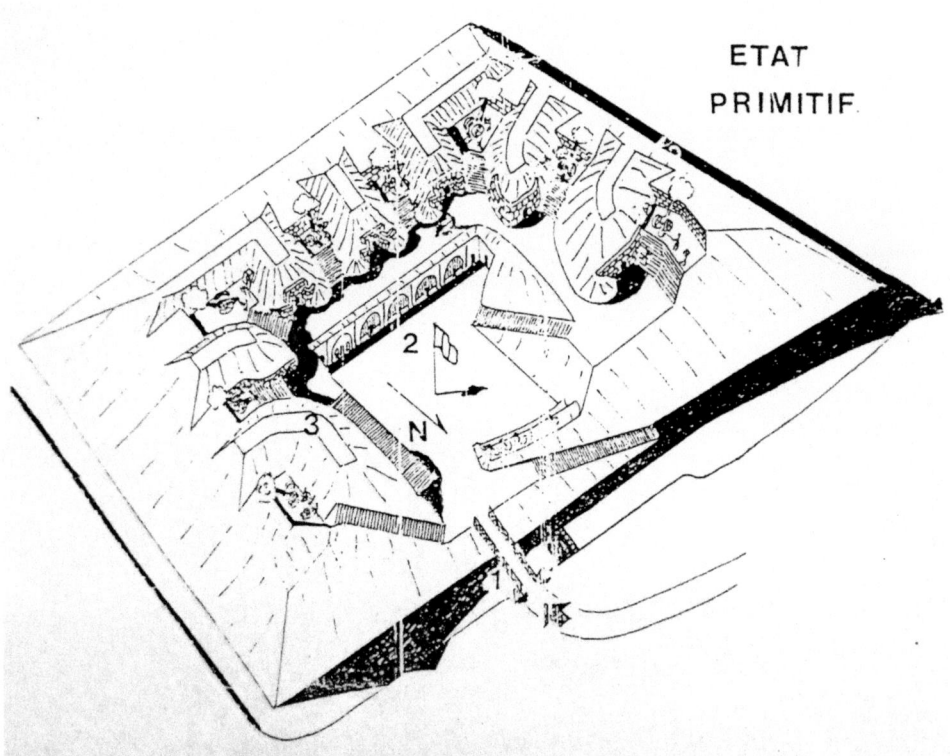

Figure 9 : Enceinte de la batterie (Petit Atlas des Bâtiments miliatires, 1987) ;
1. Pont de fossé de gorge ; 2. Cour de la caserne ; 3. Traverse

Photo 24 : vue de la vallée de l'Yvette (carte postale)

Photo 25 : intérieur de la batterie (photo ADPP)

Plan d'ensemble

Schématiquement, la conception de la Batterie de la Pointe peut être décrite (de la périphérie vers le centre) par quatre éléments principaux :

- La ***galerie de contrescarpe***, dont le rôle est de faciliter la circulation de la batterie afin de piéger et stopper toutes les offensives ennemies à l'intérieur des douves. En effet, cette galerie possède trois coffres abritant des canons et servant de postes d'artillerie pour la défense de chaque face de l'ouvrage.
Un mur de contrescarpe (sans galerie) constitue quant à lui les façades Nord et Est.
De plus, la galerie est composée d'une succession de pièces de ce type, ayant pour seule ouverture, des meurtrières horizontales vers le fossé. Ces pièces étaient occupées par des artilleurs. Le fossé a pour but de bloquer les assaillants au point le plus bas, entre la galerie et les parapets.
Les parapets gênent la progression de l'ennemi vers le centre de la batterie, d'une part, du fait d'une déclivité telle que les défenseurs soient protégés des coups directs et, d'autre part, de l'impossibilité de se mettre à couvert pour l'envahisseur.

- Le ***casernement***, avec ses abris, constitue le cœur de la batterie. Les abris sous traverses et la gaine ont pour but d'optimiser la circulation des soldats et du matériel, d'un point à un autre de la batterie, tout en étant à l'abri du feu ennemi.

- Les ***coffres flanquants*** étaient munis de 8 canons. Le coffre flanquant Nord comprenait deux pièces appelées « batteries », occupées chacune par un canon dirigé dans l'axe du fossé. Le coffre flanquant Ouest, était quant à lui, double car muni de quatre batteries, deux dans l'axe du fossé sud et deux dans l'axe du fossé ouest. Celui de l'Est, similaire à celui du Nord, est dans l'axe du fossé Est.

- Les ***Traverses***, disposées autour du casernement, sont au nombre de sept et jouent un rôle de protection des pièces d'artillerie. Elles sont également constituées d'abris sous traverses, tous reliés par la gaine et permettant ainsi une circulation souterraine, sans danger d'exposition au feu ennemi.

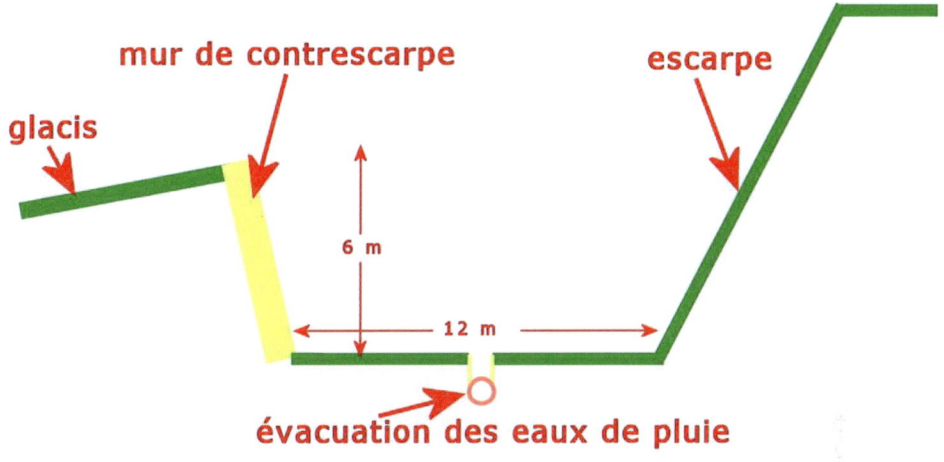

Figure 10 : batterie de la Pointe – coupe schématique (document ADPP)

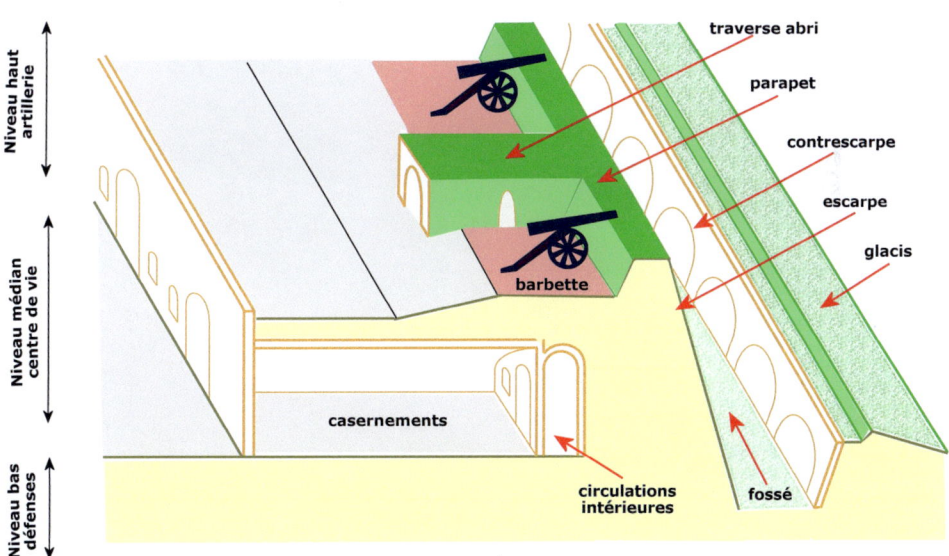

Figure 11 : batterie de la Pointe - coupe du dispositif (document ADPP, P.B., nov. 2013)

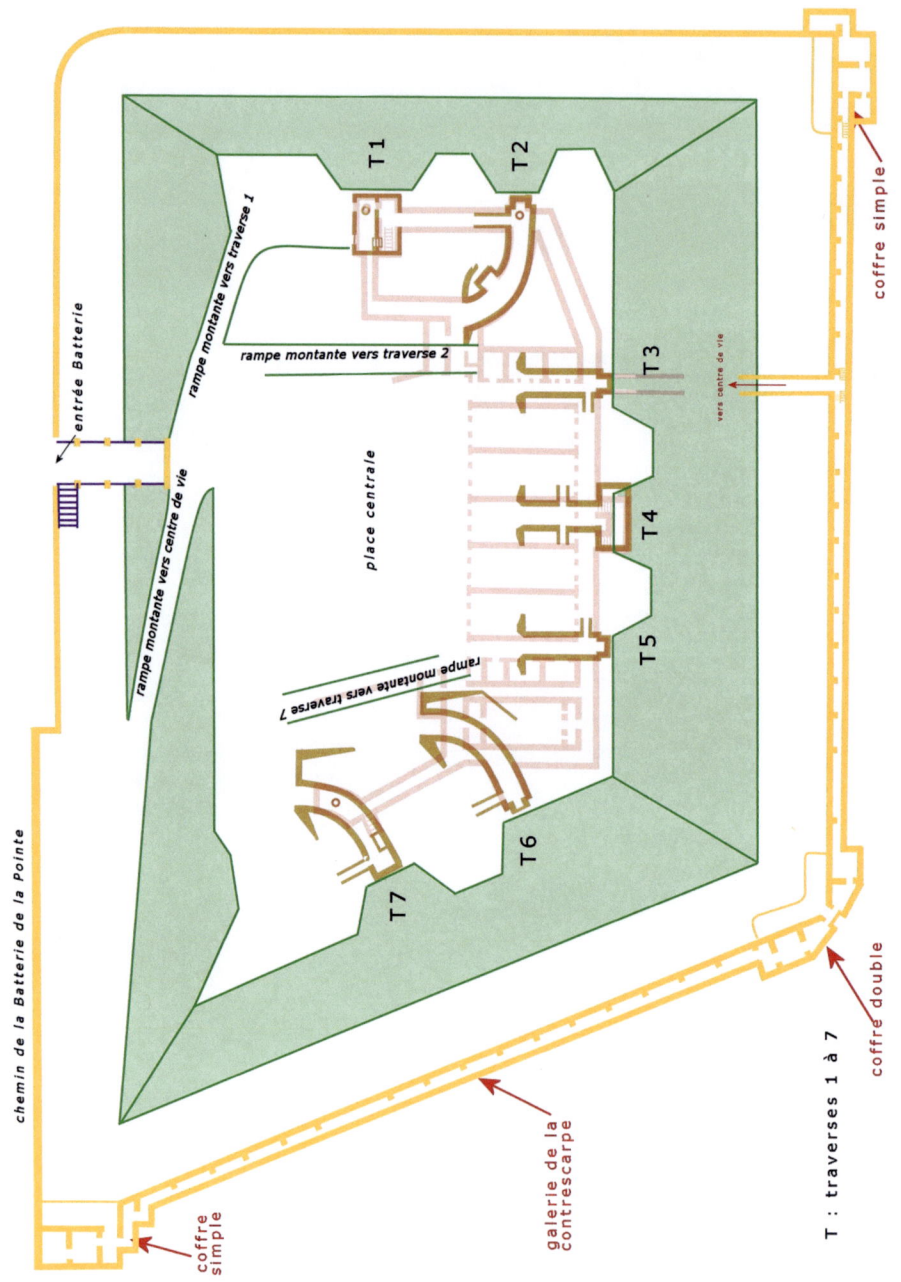

Figure 12 : plan général de la batterie (document ADPP)

Une construction qui a structuré l'accès au plateau

La construction du fort et de ses batteries ou redoutes bouscule la vie palaisienne et l'articulation entre la vallée et le plateau. L'évocation des voies de circulation en témoigne.

L'étroite ruelle de l'Échelle, au départ de la rue de Paris, après être devenue rue du Chemin de fer, se voit promue en 1876 rue du Fort, nom qui subsiste aujourd'hui. Au-delà du pont du chemin de fer, sa partie haute, très abrupte, surnommée le « raidillon » est ultérieurement aménagée en escalier. À son débouché, elle retrouve la route du Fort, ancien chemin de Saclay, qui prend en 1886 le nom de Denfert-Rochereau.

De même, l'ancienne route des Granges, l'actuelle rue Maurice Berteaux, est mentionnée comme celle qui « *conduit le promeneur au fort, aux redoutes de la Pointe et de l'Yvette et à la plaine immense...* » (Palaiseau en 1903).

Photo 26 : vue sur la rue du fort (carte postale)

Photo 27 : vue sur la rue du fort (carte postale)

Photo 28 : route du fort, actuelle rue Denfert-Rochereau (carte postale)

Le chemin de la Batterie de la Pointe à la sortie de la rue Élisée Reclus (ancienne Butte pierreuse) permet toujours d'accéder à cette redoute, d'en faire le tour et d'en deviner les douves par un sentier piétonnier qui domine la vallée.

En revanche, la sente de la Batterie de l'Yvette, au départ du chemin du Bois brûlé, se termine à la limite du plateau. Cette redoute, aujourd'hui propriété de l'ENSTA, est entièrement clôturée.

Plus loin, signalons aussi, en limite de Palaiseau et de Massy, près du chemin des bœufs, l'ouverture du chemin de fer dit de Grande ceinture. Cette ligne fait le tour de Paris en passant juste derrière les forts qu'elle ravitaille, relie les camps de Satory et Vincennes avec les chemins de fer venant de province et facilite le déplacement des troupes de sortie de la place. Elle fut mise en exploitation entre 1877 et 1883 avec 8 gares dites « militaires » à cause de leurs quais allongés pour le débarquement rapide des troupes.

Photo 29 : pont de la rue Gambetta (carte postale)

Ainsi s'explique qu'aujourd'hui encore se perpétue dans le voisinage l'appellation de « *terrains militaires* » à propos de ceux déployés le long de cette voie ferrée. Enfin signalons que les clos Madeleine et Désiré du plateau ont été réalisés sur les anciennes fouilles à pierres meulières, ouvertes en 1875 pour la construction des ouvrages fortifiés.

Le début d'une longue relation de voisinage entre militaires et Palaisiens

L'empreinte du fort se dessine aussi dans la vallée et fait se côtoyer militaires et Palaisiens. Le bureau de la Direction d'artillerie dépendant du fort est installé rue du Bœuf (actuelle rue Gambetta). L'eau nécessaire pour la boisson de la garniture du fort est

Photo 30 : la place de la Mairie et sa fontaine, aujourd'hui disparue (*carte postale*)

d'abord puisée dans la source située dans la même rue du Bœuf, mais l'eau ne possède pas la pureté indispensable. C'est la fontaine publique, aujourd'hui disparue, place de la mairie, (actuelle place de la Victoire) qui désaltère la garnison.

Enfin, le prince Roland Bonaparte aurait servi en 1881 dans le fort comme sous-lieutenant de la garnison et aurait séjourné dans la propriété des Gigoux (près de l'actuelle sous-préfecture).

L'implantation des fortifications se traduit alors par un sensible accroissement de la population, mentionné par le recensement de 1876 : pour une population totale de 2168 habitants, on compte 149 soldats, 87 ouvriers du fort et 23 résidents. Cela explique l'emprise du fort sur la vie palaisienne.

Les riverains se plaignent alors des torts causés. Dès 1875, un cultivateur établi aux Granges se plaint des dommages causés à son exploitation par les ouvriers : « *les vagabonds couchent par deux ou trois dans mes meules* ». Il dénonce la passivité des gendarmes et déplore les dégâts provoqués par les chevaux et les voitures dans les pièces ensemencées. De même, la concurrence exercée par la cantinière militaire qui vend à boire et à manger aux ouvriers civils et porte tort aux logeurs.

En 1887, le bornage des zones de servitudes et des zones de fortifications, décidé par le ministère de la Guerre est exécuté par le Chef du Génie de Versailles.

GÉNIE

Direction de Versailles

Chefferie de Palaiseau

MINISTÈRE DE LA GUERRE

BORNAGE

des zones des servitudes & des zones des fortifications

A partir du 1ᵉʳ Août 1881, il sera procédé, conformément à l'article 19 du décret du 10 Août 1853 et suivant les plans arrêtés par le Ministre de la Guerre, au Bornage des zones des servitudes et zones des fortifications des forts de Palaiseau, Villeras, des batteries de l'Yvette et de la Pointe.

Les propriétaires intéressés sont invités à présenter, s'il y a lieu, leurs observations et réclamations lors de l'opération du bornage.

A Palaiseau le 28 Juillet 1881.

Le Chef de Bataillon Chef du Génie,

PRANGÉ.

Palaiseau Imp Imbault

Figure 13 : bornage des zones de servitude et de fortification (document d'archives)

Photo 31 : panorama, pris du Fort.

Vers 1905-1910, les soldats de l'armée coloniale tenaient garnison dans les ouvrages fortifiés ; une chanson les évoque : « *À Palaiseau sur la route des granges/Le promeneur jouit d'un vaste horizon/Pour admirer tous ces sites étranges/Il peut là-haut s'asseoir sur le gazon/Faire causette avec la sentinelle/Ou voir les soldats manger la gamelle* »

Photo 32 : soldats de la garnison du fort (carte postale)

Ainsi, lorsqu'en 1906 une demande de déplacement de la zone militaire est demandée parce qu'elle nuit au développement des constructions, l'autorité militaire réplique que toute atténuation du régime des servitudes sur lesquelles il est interdit de construire serait des plus préjudiciables en raison de l'importance de la position de Palaiseau.

Effectivement en 1914, la butte Chaumont est aménagée en fortin alors que les forts de Palaiseau et Verrières reçoivent un important renfort en armes et munitions.

La population de Palaiseau est mise en garde par le chef d'état-major de Seine et Oise : « *l'agglomération est très exposée en raison des établissements militaires dont elle est entourée... qui sont des objectifs tout indiqués pour les aviateurs ennemis* ». Ainsi s'expliquent les mesures de sécurité recommandées aux écoles : creuser des tranchées étroites et profondes dans les terrains vagues !

Arrive enfin l'armistice. « *À Palaiseau, c'est tôt le matin du 11 novembre 1918 que nous avons appris qu'à 11 heures l'armistice serait effectif. Madame Racine, cuisinière au fort de Palaiseau, est descendue dès 7 heures par le chemin de la Butte pierreuse (rue Élisée Reclus) criant " c'est la paix, c'est la paix !... " Les territoriaux avaient capté la nouvelle par la radio* ».

Photo 33 : soldats de la garnison à la fin de la 1e guerre mondiale (carte postale)

En 1927, une nouvelle demande de suppression de la zone militaire et de déclassement de l'ensemble des fortifications se heurte à un refus. La réponse confirme que le fort et ses batteries font partie de la première ligne de défense de Paris et renouvelle l'interdiction de construire.

Pendant la Seconde guerre mondiale, l'existence de ces forts, dont la conception est dépassée, est toutefois mentionnée et prise en compte dans les plans de l'armée allemande.

Jusqu'à une période récente, les fortifications furent le terrain de jeux et d'aventure des jeunes Palaisiens.

Au lendemain de la Libération, la vocation du fort principal et de la Batterie de l'Yvette se modifie.

Une démilitarisation progressive qui laisse place au scientifique

En 1947, le fort principal, propriété du ministère des Armées, est affecté à l'ONERA (Office National d'Études et de Recherches Aéronautiques, puis Aérospatiales). Son entrée se trouve alors sur le chemin de la Vauve aux Granges et y reste visible. Les bâtiments ont respecté la structure du fort dans sa partie souterraine.

La Batterie de l'Yvette accueille depuis 1972 les laboratoires de l'ENSTA (École Nationale Supérieure des Techniques Avancées). L'ancienne cour de la batterie a été remblayée ; on y reconnaît toutefois l'architecture des redoutes, une partie souterraine est utilisée.

La Batterie de la Pointe, également propriété du ministère des Armées, est mise en 1947 à la disposition du CNET (Centre National d'Études des Télécommunications) qui y installe ses laboratoires. En 1969, le CNET évacue les lieux, utilisés à nouveau par les services du Génie militaire lors de la mise en chantier de l'actuelle École polytechnique.

La batterie est acquise en 1999 par la ville de Palaiseau et devient propriété communale. L'espace boisé et la batterie occupent environ 5 hectares préservés. L'ensemble du site alors classé « espace boisé protégé naturel sensible », ce qui impose à tout projet le respect du patrimoine naturel et historique ainsi qu'une utilisation d'intérêt collectif.

En 2004, la fête de la Science a ouvert les portes de l'ONERA et de l'ENSTA aux visiteurs curieux de connaître la vocation actuelle de ces lieux.

La Batterie de la Pointe reste le seul élément de cet ensemble fortifié susceptible de s'ouvrir à une autre vocation, destinée aux jeunes et aux amateurs d'une culture diversifiée.

Photo 34 : panorama sur le fort (carte postale)

Un projet de réhabilitation des lieux

À l'initiative de l'association ADPP, des chantiers internationaux de jeunes ont permis, au cours des étés 2006 et 2007, d'amorcer la réhabilitation de ce site envahi par la végétation. Toujours à l'initiative d'ADPP, ils ont été suivis de trois chantiers d'insertion conduits par les associations IDEMU et Crysalis sous contrôle de la CAPS, de la Ville et des organismes en charge de l'insertion professionnelle. Ces chantiers, de durée voisine de l'année, ont permis d'assurer la sauvegarde du site et de réhabiliter une partie de son bâti d'origine. Le chantier le plus important désormais est de reconstruire le pont qui permet d'accéder à la batterie. Ce projet est soutenu par la Fondation du Patrimoine.

Pour pérenniser ces actions mais aussi avec des objectifs sociaux-culturels, les associations SNL Essonne et ADPP ont élaboré un projet de logements pour accueil temporaire de personnes en difficultés. Il devrait ainsi être possible de mettre la Batterie de la Pointe à l'abri du vandalisme, d'assurer la mise en valeur et l'entretien de sa partie historique tout en répondant à des problèmes que rencontrent trop de nos compatriotes.

Aux environs de la batterie on trouve des carrières de meulière qui ont été de tous temps exploitées pour les constructions du fort. Elles ont aussi fourni les matériaux de construction de nombreux pavillons de Palaiseau et des environs.

LES CARRIERES DE GRÈS

Du point de vue géologique le plateau est formé d'un socle de marnes et de calcaires puis d'une épaisse couche de sables dits de Fontainebleau (quartz) déposés à l'époque où la mer recouvrait le bassin parisien. Ce sable a donné naissance à une épaisse couche de grès disposé en bancs et d'argiles à meulières à l'époque où la Seine et la Loire étaient confondues.

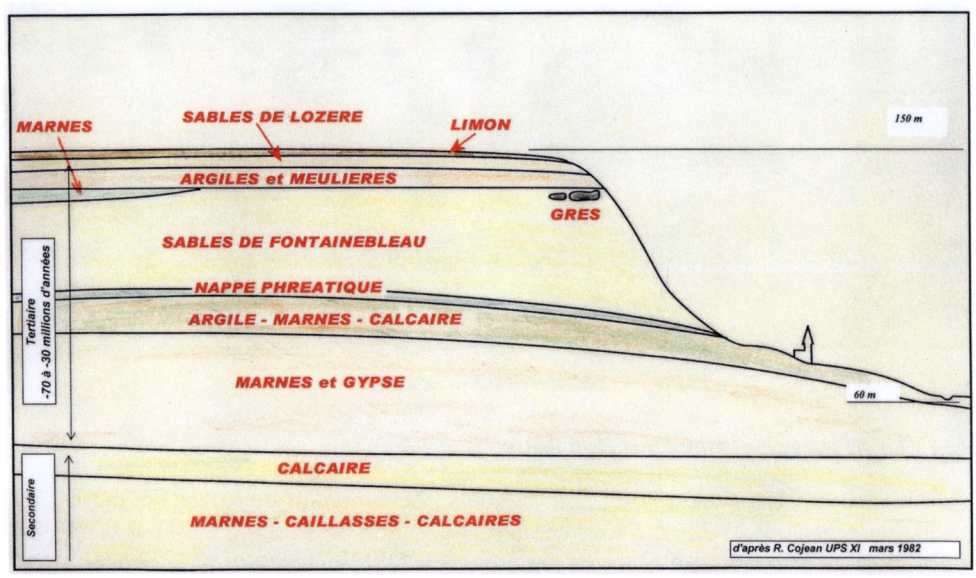

Figure 14 : coupe géologique du plateau de Palaiseau (schéma ADPP, P.B. fév. 2012)

La meulière a été utilisée pour la construction des bâtiments et le grès pour tailler des pavés pour les routes et des linteaux de portes et fenêtres.

Cette exploitation est sans doute assez ancienne : on en trouve trace dans les archives au XVIIe siècle. Une carte du XVIIIe siècle montre que la pente de la colline entre Lozère et La Vauve (le long de la rue Charles Gounod aujourd'hui) est exploitée et porte le nom « Les Rochers ». Sur le cadastre de Napoléon (1809) on voit cette exploitation ainsi qu'une autre au sud de la ferme de la Vauve ; l'exploitation de la carrière de la Troche est attestée depuis 1720.

La méthode d'exploitation consiste tout d'abord à enlever la couche d'argile et de meulières (qui peut faire de 6 à 12 m.) ; puis à creuser dans le grès compact un trou de mine que l'on bourre de poudre. L'explosion fissure localement le bloc que l'on va isoler en déblayant le sable en dessous avec de longues perches (opération dangereuse).

On dégrossit ensuite les blocs de grès à la masse et l'on taille au marteau les pavés à la dimension désirée sur un baquet de sable servant d'établi. Un stockage temporaire était constitué dans la carrière, les pavés étant transportés « à dos » par des apprentis, mais ce moyen fut remplacé par des wagonnets sur voies étroites dans les années 1880.

Il y avait 30 sortes de pavés, le plus courant faisant 20 x 20 cm. Les pavés de Lozère avaient une durée de vie de 20 à 25 ans et étaient considérés comme plus solides que ceux de Fontainebleau.

Photo 35 : couche de grès affleurant à La Troche (photo ADPP)

Les propriétaires des carrières sont assez bien connus au XIXe siècle en particulier à La Vauve et à La Troche : vers 1850 c'est M. Savalette puis vers 1860 M. Huguet, tous deux habitant Paris.

Il y a aussi des Palaisiens comme D. Roger, puis Collet, enfin en 1886 Victor Pigeon (député de Seine et Oise) qui possède, lui et des membres de sa famille, le moulin de Lozère et la ferme des Granges.

En 1894 il y avait 25 ouvriers à La Troche, mais le travail s'interrompait au moment des moissons, les carriers étant aussi ouvriers agricoles. La production était destinée à Paris, descendue deux fois par jour à la gare de Lozère à partir de 1867 par des charrettes tirées par 3 chevaux, chargées de 120 pavés (environ 2 t.) et transférée sur des wagons grâce à une voie supplémentaire pour les marchandises (1891).

Avant le chemin de fer, il fallait 2 jours aller-et-retour pour qu'une charrette atteigne Paris et certains avaient fait un projet de canal sur l'Yvette pour améliorer les transports vers Paris.

La carrière de La Troche a été fermée en 1937. Aujourd'hui le site est utilisé par les amateurs de « varappe ».

Photo 36 : Carrière de Lozère (carte postale)

LES 40 DERNIERES ANNÉES : NAISSANCE D'UN TECHNOPÔLE

Photo 37 : nouveaux établissements scientifiques (quartier ouest de Polytechnique, photo ADPP)

Les mutations radicales qui touchent actuellement l'aménagement du plateau de Palaiseau, font partie d'un projet ambitieux de création d'un cluster par le schéma de développement territorial de Paris-Saclay, adopté le 13 janvier 2012, projet piloté par l'État dans le cadre du Grand Paris. À terme, l'ensemble pourrait rassembler 13% des effectifs de la recherche française.

Comment expliquer cette nouvelle destinée du plateau ?

La construction de l'École polytechnique et son ouverture en 1976 ont constitué de manière évidente un moment fort pour le développement intellectuel de la partie palaisienne du plateau. Cependant, si les X ont décidé de quitter leur prestigieuse école du quartier latin, c'est parce que la fonction universitaire était déjà brillamment représentée dans cette région (Université d'Orsay, HEC à Jouy-en-Josas, Supelec à Gif-sur-Yvette, etc.).

Ceci est à replacer dans un projet à plus long terme, dont la réalisation commence dès la fin de la Seconde guerre mondiale : développer la fonction scientifique sur le plateau correspond à une volonté gouvernementale qui ne s'est jamais relâchée et qui doit aussi beaucoup à Irène et Frédéric Joliot-Curie, très attachés à la région.

C'est ainsi que Saclay est choisi en 1947 pour l'installation du CEA (Centre d'Études Atomiques), né à Fontenay-aux-Roses. Le site de Saclay ouvre en 1952.

Dans le même temps l'ONERA (Office national d'études et recherches aérospatiales) s'était installé dans le fort de Palai-

Photo 38 : une architecture de verre et d'acier (photo ADPP)

seau en 1947 et l'ENSTA (Ecole nationale supérieure de techniques avancées) avait choisi en 1972 la Batterie de l'Yvette pour accueillir ses laboratoires de recherche.

Photo 39 : centre de recherche de Danone (photo ADPP)

Cependant, l'aménagement du plateau ne s'est pas toujours traduit par un développement de l'urbanisation puisqu'en même temps, en 1976, il était décidé de planter une forêt domaniale de 20 ha, entre le fort et Polytechnique, initiative originale en région parisienne, pour faire barrage à un projet de construction d'une ville nouvelle !

Cette création d'un espace forestier répond de manière exemplaire à une des aspirations majeures des habitants de la région de concilier nature et culture.

Mais l'orientation vers un développement scientifique du plateau s'est amplifiée et accélérée à partir des années 2000, avec l'installation des centres de recherche de Danone, de Thalès, de l'Institut d'optique théorique et appliquée, Nano-Innov.

En même temps, s'impose le souci d'offrir des logements aux chercheurs, aux étudiants. Les choix d'urbanisation sont conçus de façon à minimiser l'impact sur l'environnement. C'est dans cet esprit qu'est réalisé l'éco-quartier Camille Claudel et le centre aquatique *La Vague*. Par ailleurs, l'aménagement concerté de la ZAC polytechnique se donne pour objectif d'équilibrer la fonction scientifique et la fonction d'habitation.

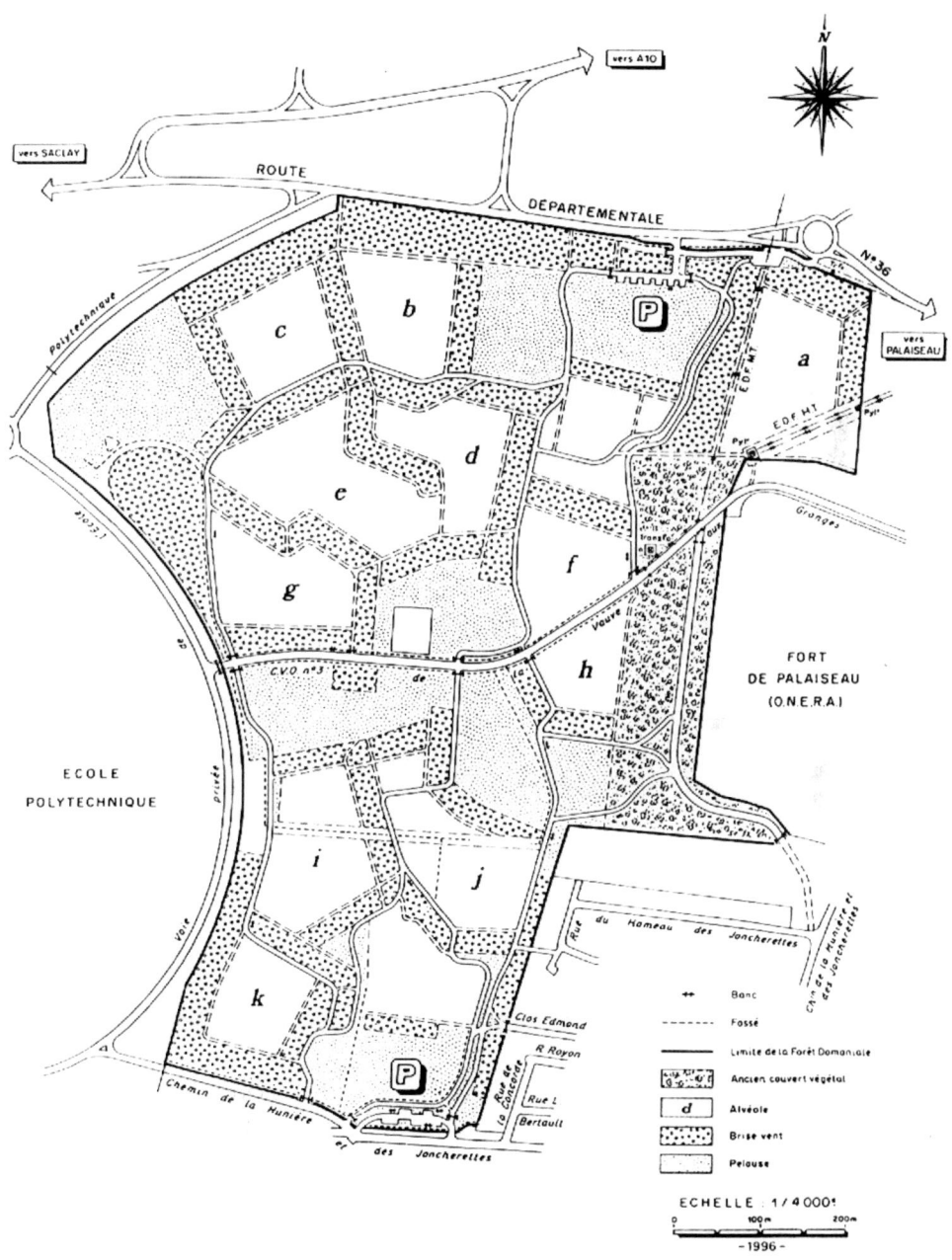

Figure 15 : plan de l'ONF de la forêt domaniale de Palaiseau (archive ADPP)

BIBLIOGRAPHIE

Association archéologique de l'École polytechnique, *5000 ans d'histoire à l'École polytechnique*, X-ARCHÉO, 2001.

A.A.C.-C.E.A., *Fouilles et trouvailles*, Bulletin de la société historique et archéologique de Corbeil, d'Étampes et du Hurepoix, 83ᵉ année, p. 56-57, 1977.

A.A.C.-C.E.A., *Le chantier de sauvetage de « La Troche »*, Bulletin d'information n°3, p. 2-4, 1978.

ASSOCIATION VAUBAN / I.A.U.R.I.F, *Les Fortifications en Île-de-France, 1792-1944*, Juin 2000

Bertet B., Jacquemin J.-M., *Palaiseau illustré de 1880 à 1939*, Imprimerie Bellanger et Fils, 1988.

Becu G., *Igny Saclay Chroniques*, Ed. Maury, 1993

Blin O., *Le site des « Trois Mares » à Palaiseau (Essonne)*, Journées archéologiques 2001, pp. I.13-I.21.

Brochure ADER, *De l'eau Du Plateau de Saclay aux Fontaines de Versailles*, 2013

Cattant J., *Les civilisations oubliées des sites désertés de Palaiseau*, édition Maison des Jeunes et de la Culture de Palaiseau, 1978.

Chapoulie E., Delattre C., Feinard A., Gauthier L., Rimbert J.-F., Simon P., *Les Étangs et Rigoles du Plateau de Saclay*, Amis de la Vallée de la Bièvre 1995.

Cossonnet F., *Histoire de Palaiseau*, 1895, réédition Res Universalis, 1990.

Descamps Ph., *D'exorbitants besoins en eau*, Sciences et Techniques des Bâtisseurs de Versailles, Cahiers de Science et Vie n° 74, avril 2003

Giganon D., *1978-2002. Fiches de prospection aérienne Essonne – Yvelines*

Le Castor de la Bièvre, N° 75, *Découvertes archéologiques sur le plateau de Saclay*, décembre 2013

INRAP, www.inrap.fr, Communiqué de presse du 26 mars 2014, responsable scientifique Cyril Giorgi

Naudet F., *L'Essonne (91)*, Carte archéologique de la Gaule, pré-inventaire archéologique publié sous la responsabilité de M. Provost, Académie des Inscriptions et des Belles Lettres, Ministère de l'Éducation Nationale, Ministère de la Recherche, Ministère de la Culture et de la Communication, Maison des Sciences de l'Homme, Paris, 2004.

Siaud J., *Ils ont donné l'eau à Versailles*, Ed. de l'Onde, 2012

Société historique et archéologique de Corbeil, *Prospection archéologique de surface*, Bulletin, 90ᵉ année, p. 89-90, 1984a

TABLE DES ILLUSTRATIONS

Figure 1 : dessins de poteries découvertes sur le site des Trois Mares (Blin, 2001) 14
Figure 2 : Carte simplifiée du réseau des rigoles qui alimentaient Versailles. (Document ADPP) 20
Figure 3 : lunette de visée, Nicolas Gobert, Traité pour la pratique des forces mouvantes, 1702 22
Figure 4 : « *Vue de l'Aqueduc de Bucq, près Versailles, au-dessus de la Fontaine de la Martinière* », gravure de Duparc (archives départementales des Yvelines, Versailles) 24
Figure 5 : les étangs, acqueducs et rigoles du plateau de Saclay au XVIIe siècle (archives départementales des Yvelines, Versailles) 25
Figure 6 : La Rigole des Granges en cours de réalisation. (archives départementales des Yvelines, Versailles) 27
Figure 7 : Fortifications de Paris en 1896 (Général Niox in *La guerre de 1870 : simple récit*, Paris 1897) 42
Figure 8 : plan de situation à la construction du fort 43
Figure 9 : Enceinte de la batterie (Petit Atlas des Bâtiments miliatires, 1987) ; 1. Pont de fossé de gorge ; 2. Cour de la caserne ; 3. Traverse 44
Figure 10 : batterie de la Pointe – coupe schématique (document ADPP) 47
Figure 11 : batterie de la Pointe - coupe du dispositif (document ADPP, P.B., nov. 2013) . 47
Figure 12 : plan général de la batterie (document ADPP) 48
Figure 13 : bornage des zones de servitude et de fortification (document d'archives) 53
Figure 14 : coupe géologique du plateau de Palaiseau (schéma ADPP, P.B. fév. 2012) 58
Figure 15 : plan de l'ONF de la forêt domaniale de Palaiseau (archive ADPP) 63

Photo 1 : le plateau en chantier (photo ADPP) 3
Photo 2 : Haches polies retrouvées près du site de « La Rangée des Granges » (photo J. Cattant). 10
Photo 3 : Ensemble de céramiques gallo-romaines provenant des sites de la Rangée des Granges et de la Troche (photo ADPP) 10
Photo 4 : Travaux de fouilles archéologiques sur le plateau (photo ADPP) 11
Photo 5 : Fouille de la cave de la Troche (photographie D. Giganon, 1978) 16
Photo 6 : Base de murs, site de La Rangée des Granges (cliché J. Cattant) 19
Photo 7 : Rigole de Favreuse (photo ADPP) 27
Photo 8 : Pont sur la rigole de Corbeville (photo ADPP) 27
Photo 9 : Profil dissymétrique de la rigole dont les berges sont débroussaillées et fauchées de manière sélective (photo ADPP) 28
Photo 10 : La rigole domaniale, restaurée, offre déjà un bel itinéraire de promenade (photo ADPP). 29
Photo 11 : Bornes royales le long de la rigole, marquées d'une fleur de lys (photos ADPP) 30

Photo 12 : la moisson à Palaiseau (carte postale) 32
Photo 13 : la ferme vue de la route des Granges (carte postale) 34
Photo 14 : de nos jours, la ferme vue de la route des Granges (photo ADPP) 34
Photo 15 : Ferme des Granges, intérieur (carte postale) 35
Photo 16 : La ferme des Granges au temps des Établissements Villemorin (carte postale) 35
Photo 17 : la mare de la Vauve (carte postale)... 36
Photo 18 : Oberkampf, gravure de Fontaine (*National Library of Medecine*) 37
Photo 19 : détail – travaux de la manufacture, musée de la Toile de Jouy 37
Photo 20 : la ferme de la Vauve aujourd'hui (photo ADPP) 38
Photo 21 : la ferme de la Vauve aujourd'hui (photo ADPP) 38
Photo 22 : la ferme de Villebois (photo ADPP) 39
Photo 23 : ferme abbaye de Limon (photo ADPP).. 40
Photo 24 : vue de la vallée de l'Yvette (carte postale) 45
Photo 25 : intérieur de la batterie (photo ADPP) 45
Photo 26 : vue sur la rue du fort (carte postale) 49
Photo 27 : vue sur la rue du fort (carte postale) 50
Photo 28 : route du fort, actuelle rue Denfert-Rochereau (carte postale).......................... 50
Photo 29 : pont de la rue Gambetta (carte postale)... 51
Photo 30 : la place de la Mairie et sa fontaine, aujourd'hui disparue (*carte postale*)......... 52
Photo 31 : panorama, pris du Fort... 54
Photo 32 : soldats de la garnison du fort (carte postale) 54
Photo 33 : soldats de la garnison à la fin de la 1e guerre mondiale (carte postale) 55
Photo 34 : panorama sur le fort (carte postale) 57
Photo 35 : couche de grès affleurant à La Troche (photo ADPP) 59
Photo 36 : Carrière de Lozère (carte postale)... 60
Photo 37 : nouveaux établissements scientifiques (quartier ouest de Polytechnique, photo ADPP) 61
Photo 38 : une architecture de verre et d'acier (photo ADPP).. 61
Photo 39 : centre de recherche de Danone (photo ADPP)... 62

POSTFACE

Remerciements

Le groupe histoire de l'association ADPP (*À la découverte du Plateau de Palaiseau*) remercie tout particulièrement :

- Monsieur Bernard Bertet qui nous a permis la reproduction à titre gracieux des cartes postales anciennes de sa collection personnelle.
- Monsieur Émile Isambert qui nous a accueillis et nous a fourni des renseignements précieux sur l'histoire des fermes et du plateau.
- Monsieur Olivier Mellina-Gottardo qui a composé et réalisé l'édition de l'ouvrage.

Les auteurs

François Bendell, Danièle Gervais, Sophie Hafner, Rachel Jaeglé, Marie-France Luigi, Anick Mellina, Gérald Pecastaings, Guy Perraguin, Monique Perraguin, membres du groupe histoire d'ADPP.

Dans la même série

Brochure botanique : 2003 – réédition 2009.

Dépliant établissements scientifiques : 2004 – réédition 2006.

Brochure établissements scientifiques : 2005.

Dépliant ornithologie : 2006.

Brochures carrières : 2009.

© 2005 ADPP, © 2014 ADPP
Association ADPP – « À la Découverte du Plateau de Palaiseau »
www.adpp.info

Édition : BoD™ - Books on Demand
12/14 rond-point des Champs Élysées
75008 Paris, France

Imprimé par BoD™ - Books on Demand GmbH
Norderstedt, Allemagne

Première édition ADPP janvier 2005
Réédition BoD juin 2014

ISBN 9782322036806

Dépôt légal juin 2014

Parcours historique

Lieu de fixation de l'habitat néolithique et lieu de l'urbanisation du Grand Paris, le plateau de Palaiseau a été marqué au cours de l'Histoire par sa proximité géographique du pouvoir central, qui en a inspiré les initiatives mises en œuvre : rigoles d'alimentation du château de Versailles, domaine agricole et forestier du prince de Condé, grandes propriétés seigneuriales, acquisitions de l'industriel Oberkampf, fortifications de Serré de Rivière après la défaite de 1870, etc.

Accueillant depuis la Seconde Guerre Mondiale des établissements scientifiques d'enseignement et de recherche (voir notre plaquette *Parcours des établissements scientifiques du plateau*), la situation du plateau au cœur du projet du Grand Paris pose la question de l'équilibre entre une urbanisation croissante et une protection des zones naturelles, agricoles et forestières.

Par le regard sur l'Histoire qu'elle propose, nous souhaitons que cette brochure apporte au lecteur une meilleure compréhension de la situation actuelle du plateau de Palaiseau.

Association ADPP
www.adpp.info
À la découverte du plateau de Palaiseau, œuvre collective
ISBN 9782322036806, deuxième édition, dépôt légal juin 2014

Édition BoD
Book on Demand, Paris
Imprimé en Allemagne
Prix recommandé : **7,90 €**